들판에 텐트 치는 여자들

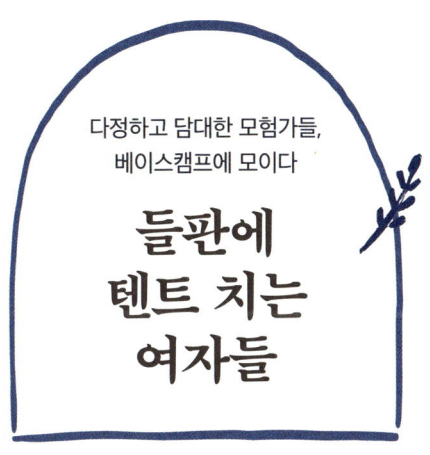

다정하고 담대한 모험가들,
베이스캠프에 모이다

들판에 텐트 치는 여자들

김하늬, 김지영, 윤명해 지음

추천의 글 _____

 까탈스럽고 허약하기만 한 도시 여자. 그랬던 내가 자연에서 모험을 즐기는 '마녀체력'의 대명사로 거듭났다. 내 몸과 마음에서 '야성'이 꿈틀꿈틀 자라났기 때문이다.

 야성은 저절로 깨어나지 않는다. 배우고, 자주 경험하고, 훈련할수록 점점 커진다. 뭉칠 친구가 있고, 도와줄 경험자가 있고, 모험을 이끌 전문가가 있다면 당신도 해볼 텐가?

 여기 '함께 들판에 텐트를 치자'고 손을 내미는 파워풀한 세 여성이 있다. 이들의 에너지, 용기, 연대가 부러워 미치겠다. 무해하고 다정한 무리에 끼고 싶어 심장이 두근댄다. 여성들이 뭉치면 더욱 흥겨워진다. 여성들이 도우면 함께 성장한다. 여성들끼리 모험하면 보다 강해진다.

— 이영미 『마녀체력』 저자

　가부장제 아래서 여자는 집을 지키고 있어야만 상찬의 대상이 된다. 아내, 어머니 그리고 온순한 딸로서 고분고분하게 역할을 따를 때. '저출생'을 국가적 위기로 삼으며 여자를 '집안'에, 혹은 '집 안'에 눌러 앉히려는 압력이 강한 사회일수록 더욱 그렇다. 하지만 용기 있는 여자들은 언제나 새로운 길을 닦고야 말지. 학교의 빗장을 열어 배움을 구했고, 일터에서 스스로의 자리를 만들어내며 '금녀의 영역'이라는 표현을 고리타분한 것으로 만든 우리는, 이제 여자에게 허락되지 않은 최후의 공간인 '야생'을 개척하러 떠난다. 우먼 스페이스캠프의 하늬, 지영, 명해는 들판이 궁금하지만 두려운 여자들의 느린 첫걸음을 기꺼이 기다려주고 격려하는 동반자다. 야성 넘치는 이 여자들의 모험기를 읽다 보면 누구라도 지금 당장 텐트를 챙겨 훌쩍 떠나고 싶어질 것이다. 이제 여자가 있는 곳이 아닌, 여자가 가는 곳이 우리의 '집'이다.

— 이혜미 | 《한국일보》 기자, 『잠정의 위로』 저자

WBC는 지극히 개인적인 이유로 시작됐다. 산에 같이 갈 친구가 필요해서. 나의 모험심을 지키기 위해. _하늬

사무실에 앉아 문서 수정만 반복하며 하염없이 앉아 있노라면 탁 트인 자연으로 나가 날것 그대로의 세상을 느끼고 싶다는 마음이 들끓었다. _지영

WBC를 함께하기로 한 건 '선언하고 싶어서'였다는 표현이 정확하겠다. '그냥 이게 나야. 나는 이렇게 살 거야.' _명해

시작하며

우리에게 모험이 필요했던 이유

하늬

모험심을 지켜줘

내 삶을 단단하게 만들어준 모험심

산과 캠핑, 여행을 좋아하는 아빠 밑에서 자랐다. 초등학생 때는 친척들과 함께 생활체육협회에서 주관하는 '여름가족캠프'에 참가하는 게 연례행사였다. 비가 오면 한밤중에라도 일어나 텐트 주변에 물길을 내고, 말뚝을 점검하고, 다시 잠에 드는 생활이었다. 십 대에만 전국 팔도를 비롯해 7개국을 여행했다. 온갖 곳을 다 가봐서 그런지 낯선 장소와 음식과 사람을 두려워하지 않는 성격을 갖게 됐고, 화장실이 더럽고 며칠 못 씻는 건 전혀 문제가 되지 않았다. 머리만 대면 어디서든 잘 자는 나의 몸은 모험에 최적화됐다.

  가고 싶은 곳은 어디든 마음만 먹으면 내 몸뚱이로 갈 수 있다는 경험은 내 삶을 더 단단하게 만들었다. "마추픽추까지 기차 타고 갈래, 기찻길을 4박 5일 걸려 걸어갈래?" 하고 물으면 후자를 선택하는 태도로 이십 대까지를 보냈다. 그렇게 고생을 사서 하며 내 경험은 더 다채로워졌고 자연과 가까워질 기회는 많아졌다.

가족이 채울 수 없는 자리

  그런데 희한하게 어른이 되어서도 산은 항상 아빠랑 다녔다. 배낭 싸는 법도, 스틱 잡는 법도, 텐트가 없어도 산에는 잘 수 있는 '대피소'가 있다는 것도, 지리산에는 새벽 기차를 타고 가야 노고단에서 뜨는 해를 볼 수 있다는 것도 다 아빠한테 배웠다. 서로 바쁘게 지내다가 함께 산에 가면 별 다른 말 없이 온전히 아빠랑 시간을 보낼 수 있는 게 좋았다. 그래서 딱히 혼자 다닐 생각을 하지 않았던 것 같다.

  우리의 산 사랑은 2016년 2월의 히말라야 트레킹까지 이어졌다. 매년 이렇게 한 군데씩 다니자고 약속했는데, 결혼을 하면서 아빠와의 모험은 자연스레 종료됐다.

남자 친구와 만난 지 7개월 만에 결혼했고, 그다음 해에 LA로 왔다. 남편 에릭은 얼굴이 아주 하얀 북유럽계 미국인이다. 절대 구릿빛으로 타지 않고 짧은 노출에도 새빨갛게 익기만 하는 피부가 있다는 걸 남편을 통해 처음 알았다. "나는 해를 좋아하는데 햇빛이 나를 좋아하지 않는다"라며 바깥 생활을 최소화하는 사람과 해가 항상 쨍쨍한 도시에 살게 됐다.

남편감을 고를 때 테스트를 한답시고 북한산, 마니산, 한라산, 무등산까지 많이도 데리고 다녔다. 체력은 나보다 부족했지만, 남편은 곧잘 따라왔다. 한국 산이 멋있다고 했다. 그런데 진짜 한국 산만 멋있다고 느끼는 사람이었을 줄이야. 그는 LA에 온 뒤로는 밖에 나갈 생각을 안 했다. 좋은 데가 이렇게 많은데. 사기 결혼이다.

모험을 함께할 친구들이 필요해졌다

안전에 민감한 남편과 살다 보니 나도 모르게 점점 몸을 사렸다. '위험해, 조심해, 살살', 이런 단어를 내뱉는 순간 내가 생소해졌다. '앗, 이건 원래 내 모습이 아닌데.' 위험한 것에서 멀어지다 보면 모험에서도 멀어진다. 실패하거나, 후회할 수 있는 선택에서 멀어지면 새로운 것을 찾아낼 가능성도 줄어들기 마련이다. 이래서는 안 된다는 경각심이 들었다. WBC(Women's Basecamp, 우먼스베이스캠프)는 지극히 개인적인 이유로 시작됐다. 산에 같이 갈 친구가 필요해서. 나의 모험심을 지키기 위해.

내게 아웃도어 활동은 가족들과 함께하는 액티비티였지, 친구들과 하는 일은 아니었다. 지영과 명해를 만나기 전까지는 말이다. 그전에는 내 주변에 일상적으로 백패킹을 하거나 산에 가는 친구들이 없었다. 그녀들 덕분에 WBC가 본격적으로 시작되고, 비로소 내 일상이 모험으로 가득차게 됐으니 감사할 따름이다.

딸 스카디가 두 살이 된 요즘, 나는 "혼자 한번 해봐"라는 말을 달고 산다. 엄마로서 나는 스스로의 모험심을 지켜갈 보루이자 내 딸이 보고 자랐으면 하는 멋진 이모들이 있는 곳, 이 세상 모든 딸이 당연하게 모험심을 발휘하며 살아갈 수 있는 토대를 만들기 위해 WBC 커뮤니티를 꾸려가고 있다. 나의 모험 친구들이 내 모험심을 지켜주듯, 딸아이 역시 모험 친구들과 함께 모험심을 지켜가기를 바라며.

지영

이불 밖에는 심장 떨리도록 멋진 풍경이 있으니까

 모험기와 여행기에 푹 빠진 책벌레, 그러면서도 세계를 탐험할 꿈으로 가득했던 말괄량이. 어렸을 적부터 나는 유독 거친 움직임을 좋아하는 아이였다.

 동네 모든 아이들이 놀이터에 모여 흙을 밟으며 와글와글 뛰어다니고 노는 것이 당연했던 유년 시절, 높은 곳에서 뛰어내리는 대결이 갑작스레 벌어졌을 때 누군가가 미끄럼틀에서 뛰어내리면 기어이 미끄럼틀 지붕 끝까지 올라가 뛰어내려야 직성이 풀리는 그런 아이. 실컷 놀다 지쳐 들어온 저녁엔 책상 아래 구석에 박혀 『톰소여의 모험』이나 『허클베리핀의 모험』을 읽으며 상상의 세계에 담뿍 빠지던 나날이었다.

다시 삶 위로 떠오른 모험

 하지만 여중, 여고에 입시까지 거치며 모험, 도전 같은 야심 찬 단어들은 어느새 내 삶에서 영 멀어져 버렸다.
 그렇게 사라졌나 싶었던 단어들은 아주 많은 시간이 지나 내 삶에 불쑥 다시 떠올랐다. 이십 대가 되어 떠났던 배낭여행 중 지구 반대편인 남미 파타고니아에 도착했을 때였다. 마침 도착한 곳은 아르헨티나와 국경을 맞대고 있는 칠레의 토레스 델 파이네(Torres del Paine) 국립공원으로 가는 관문 도시, 푸에르토 나탈레스였다. 내셔널지오그래픽에서 선정한 죽기 전에 꼭 가봐야 할 50곳 중 하나이자 세계 3대 트레킹 코스라는, 듣기만 해도 가슴 벅찬 설명은 여기까지 왔다면 이곳을 꼭 걸어야 한다는 말처럼 들렸다.
 트레킹이라는 단어조차 익숙하지 않았던 나는 메고 있던 배낭을 내려놓고 낯선 백패킹 장비들을 빌려 산으로 들어갔다. 배낭여행도 도전적인 일이었지만, 어쩐지 이제야 진짜 모험을 시작하는 듯했다. 문명을 완전히 떠나 내 몸을 건사할 짐만 챙긴 채 자연 속으로 들어가 걷고, 먹고, 잠을 자는 진짜 모험. 나의 첫 백패킹은 내 세상의 가장 먼 곳에서, 갑자기 시작되었다.
 발길 닿는 대로 걸으며 자유를 만끽했다. 그러나 자유는 그

만큼의 무게를 감당하는 것이기도 하다. 배낭, 등산화, 코펠, 버너, 걷는 동안 먹을 음식. 몸 하나를 건사하기 위해 필요한 것을 싸놓고 보니 꽤나 묵직했다. 걸을수록 어깨의 짓눌림은 더 고통스러워졌다. 잠시 배낭을 내려놓고 쉴 때야 비로소 빙하가 빚어낸 이국적인 자연의 아름다움이 눈에 들어왔다. 저 멀리 눈에 보이는 산 꼭대기의 빙하가 녹아 흐른 싱싱한 물을 그대로 길어 목을 축였다. 고통과 갈증의 깊이만큼 시원한 물과 휴식이 주는 행복은 컸다.

며칠을 걸어도 길은 계속 새로웠다. 이 거대한 자연의 압도적인 존재감이 어딘가 빈 구석을 채워주는 것 같았다. 어디선가 늘 나를 부르고 있었을 대자연에의 이끌림이 우연은 아닐 것이다. 그러니까 나는 아주 오래전부터 세상을 이렇게 온몸으로 마주하고 싶었다.

세상을 온몸으로 마주하고 싶어서

하지만 세상의 끝까지 가보겠다는 마음으로 세상을 누비고 돌아온 나에게 주어진 임무는, 다시 좁고 닫힌 틀 안으로 몸을 웅크리는 일이었다. 절박한 마음으로 들어선 면접장에서는 면접관이 보는 앞에서 눈물을 펑펑 쏟았다. 애써 포장해

봐도 그 방 안의 나는 초라하기만 했다. 내가 밖에서 본 땅은 이렇게나 넓은데 사회 속으로 들어가려고 하니 나에게 허락된 땅은 너무 좁았다.

비집고 들어간 땅에서도 마찬가지였다. 사무실에 앉아 이해할 수 없는 누군가의 결정에 의해 자꾸만 되돌아오는 작은 문서 수정만 반복하며 하염없이 앉아 있노라면 탁 트인 자연으로 나가 날것 그대로의 세상을 느끼고 싶다는 마음이 들끓었다. 회사에서 느끼는 답답함이 깊을수록 더 부지런히 산으로 향했다. 새로운 땅으로 발을 내딛는 순간은 언제나 조금은 두렵지만 또 그만큼 설레니까. 적어도 살아 있는 한은 나는 제대로 살아 있고 싶었다. 심장 뛰는 풍경을 온몸으로 마주하면서.

이런 사람이 과연 나뿐일까? 나보다 훨씬 힘이 센 것 같은 세상이 하는 말에 휘둘리지 않으려면 작디작은 나에겐 동료가 필요했다. 각자의 무기로 스스로를 지키면서, 자신의 걸음과 속도로 나아가는 사람들과 함께라면, 그런 존재가 있다는 걸 믿을 수 있다면 나는 자유로워질 수 있을 것만 같았다.

그래서 더 많은 사람을 이 모험의 세계에 초대하고 싶다. 낯선 세계로 향하는 문이 너무 커 보여서 망설이는 사람이 있다면, 함께 손을 맞잡고 문을 열고 싶다. 이불 밖에는 심장 떨리도록 멋진 풍경이 있으니까, 그리고 그 풍경은 계속해서 새롭게 너를 설레게 할 테니까. 밖으로 나와서, 함께 걷자고.

명해

미운 오리 새끼에서 백조로

고등학교 3년간 새벽 수영을 다녔다. 잠을 줄여서라도 몸을 움직이는 게 좋았다. 학교 복도에 수영복 말리는 애로 전교에 소문이 날 때쯤 체대가 아닌 공대에 진학했지만, 대학에 가서도 핀 수영 동아리에 들어 수학 공부보다 수영 훈련을 더 열심히 했다.

바다 수영을 시작한 것도 스무 살 즈음이었다. 그러다가 야금야금 마라톤과 사이클을 시작해 철인3종 경기를 나갔다. 대학원에 입학하고는 산 친구들을 사귀고 해외 원정 산행을 다녔다. 버킷 리스트라면 매년 친구들과 전 세계로 원정 산행을 다니는 것, 꿈은 세상에서 제일 재밌는 수영장을 만드는 거다.

그러다 결혼을 했다. 여느 날처럼 산 친구들과 덕유산으로 설산 산행을 갔다. 남자 넷에 나 혼자 홍일점이었다. 엄동설한에 짐이 많으니 장비는 최소화해 두셋씩 텐트를 함께 쓰기로 했다. 나와 한 텐트를 쓰게 된 남자 사람 친구는 애인의 전화를 받으며 눈치를 봤다. '나도 남편의 눈치를 봐야 하나? 앞으로 남자들만 있는 산행은 오지 말아야겠다. 그러면 산에 자주 못 다니겠네'라고 생각했다. 같이 산에 다닐 여자 친구가 많지 않았던 나는 못내 아쉬웠다.

아웃도어를 좋아하는 유별난 여자애

동네 수영장 분들을 따라 종종 바다 수영을 하러 간다. 바다 수영은 수영 실력과 고가의 장비가 필요하고, 거친 바다에 맞서 힘듦과 때론 더러움도 감내해야 하는 까다로운 취미다. 경험과 경제력 등 진입장벽이 높다 보니 중장년, 특히 남성 인구가 많다. 나 같은 여성 청년은 흔치 않다. 한번은 수영장 회식에서 아저씨 회원들이 물었다.

"명해 씨는 왜 화장을 안 해요? 집에서 요리는 잘해요? 여자분이 수영도 잘하고 바다 수영도 좋아하고, 오타쿠 같아요!"

아웃도어를 좋아하는 유별난 여자애. 나도 내가 별나다고 생각했다. 남자들로 가득한 운동장 구석에서 꾸역꾸역 공차기를 하는 내가, 몸집만 한 배낭을 메고 산에 오를 때 자긍심을 느끼는 내가, 남자 친구들과 산행을 가면 도움을 받기만 하는 내 무능함이 분해 눈물이 차오르는 내가. 성장하고, 성취하고, 이기고 싶어 돌출하는 나의 내밀한 욕망이 부담스러웠다. 그런 내가, 나는 내심 혐오스러웠다.

자기혐오는 나의 여성성에 대한 혐오로 이어졌다. 선망했던 마초 사회에서 여성성을 드러내는 건 약점을 들키는 일이라 생각했다. 아웃도어 활동 중에 생리가 터져도 굳이 내색하지 않았고, 행동과 말투도 더 털털하게 바꿔 가며 사람들과 술잔을 부딪쳤다.

여성들과의 연대는커녕, 사회에서 도태되지 않기 위해 내가 가진 여성성마저 외면하고 여성들과 경쟁하는 편을 택했다. 내가 속하고 싶은, 남자들이 가득한 아웃도어 신에 어울리는 남성적인 가치와 관습을 내면화하려 애썼다.

그렇게 애를 썼는데 막상 결혼까지 하고 보니 나는 그냥 여자애 같지도 않고, 그렇다고 남자도 아닌 별난 미운 오리 새끼 같았다.

백조들의 울타리로, 뛰어들다

 그러다 지영이 WBC를 함께 꾸려보지 않겠냐고 물었다. '모험하는 여자들의 아웃도어 커뮤니티라니, 이거 딱 내 얘긴데?' 모험, 아웃도어 그리고 여자. 나는 감추기 급급했던 욕망을 보란듯이 꺼내놓고 있었다. 그게 그렇게 멋있었다. 통쾌했다. WBC를 함께하기로 한 건 '선언하고 싶어서'였다는 표현이 정확하겠다.

 '그냥 이게 나야. 나는 이렇게 살 거야.'

 나의 여성성을 부정하거나 나의 욕망을 숨기지 않고 내 모습 그대로 살 수 있을까? 여자들만 있는 세상에선, 늘 경계인 같았던 나도 비로소 온전하게 받아들여질 수 있지 않을까? 어쩌면 나는 처음부터 미운 오리 새끼가 아니었는지도 모른다. 그렇게 백조가 되기 위해 길을 나섰다. 미운 오리 새끼 같던 나에게 WBC라는 커다란 모험이 시작되었다.

차례

추천의 글 4

우리에게 모험이 필요했던 이유

하늬_모험심을 지켜줘 9
지영_이불 밖에는 심장 떨리도록 멋진 풍경이 있으니까 13
명해_미운 오리 새끼에서 백조로 17

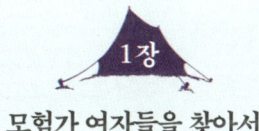

모험가 여자들을 찾아서

하늬_혼자 누리기엔 너무나 아름다운 27
지영_캠프파이어, 여자들 그리고 질문의 밤 36
지영_내가 그리던 모험의 모양, 잊고 있던 나의 조각 44
명해_우리만의 '월든'으로, 웰컴! 50
하늬_Follow Your Fear 61

하늬_모험가 옆에 모험가 67
명해_당신의 행복을 축하해 주지 못할까 봐 75

이토록 다정하고 호혜로운 관계

지영_새로운 우정의 발명 85
지영_멤버십 서비스를 한다고? 90
지영_모험의 시작! 모험 체크인 95
지영_우당탕탕, 그래도 좋아하는 것을 나누고 싶어서 102
하늬_그게 내가 될 수 있다는 감각 108
명해_우리에겐 다양한 관계 맺음이 필요하다 118
명해_한 번으로 끝내긴 아쉬워서 130

모험의 판을 키우는 건 신나는 일이니까

명해_여자들만 100명인 축제를 연다고? 141
명해_그래서 얼마나 벌었냐면요 153

하늬_모험의 상상을 넓혀주는 사람 164
지영_운동을 사랑하던 소녀들은 어디로 사라진 걸까? 174
지영_사서 고생하는 사람들과 더 넓게 고유해지기 182
명해_커뮤니티 서비스 말고 커뮤니티요 189
하늬_자연과 모험에도 소유권이 있다면 201

4장
여기 문밖에 우리의 진짜 삶이

하늬_엄마가 되어도 모험할 수 있을까? 211
하늬_모험할 줄 아는 아이가 모험하는 어른이 된다 221
지영_엄마가 딸에게 보여주고 싶은 세상 233
명해_강해진다는 감각 242
지영_우리의 여름 명절, 리트릿 캠프 252
명해_와일드마을 이웃 구함 260
명해_책상 앞 모범생, 움직임 축제를 열기까지 270
하늬_불확실한 날들이 주는 자유 279
지영_우리는 왜 여자들을 데리고 자연으로 나갔을까 289

1장

모험가 여자들을 찾아서

"너는 한 번도 빨간 모자였던 적이 없어.
너는 언제나 늑대였단다."
— 애비 웜백, 『우리는 언제나 늑대였다』 다산북스, 2020, 50쪽

하늬

혼자 누리기엔 너무나 아름다운

한겨울에 떠난 사막 캠핑

WBC라는, 기존에 존재하지 않았던 커뮤니티를 구상하게 된 건 내가 살고 있는 미국 LA에서 우연히 떠나게 된 여행 때문이었다.

친구인 녀미가 남편이랑 별똥별을 보러 데스밸리(Death Valley)로 캠핑을 가는데, 한 자리 남는다며 같이 가지 않겠냐고 물었다. 1년 주기로 돌아오는 쌍둥이자리 유성우들을 잔뜩 볼 수 있단다.

'유성우? 별똥별? 데스밸리? 12월에 캠핑이 가능해?'

  LA 1년 차라 아직 여행자 모드였던 나는 궁금한 게 많았지만 무조건 오케이했다. 바다부터 눈 덮인 산, 사막까지 다채로운 자연의 광경을 볼 수 있는 LA의 매력에 스며들던 참이었다. 추운 날씨에 캠핑을 할 수 있을까 하던 의문도 기우였다. 데스밸리는 LA에서 북쪽으로 네 시간 반을 차를 타고 달리면 나오는 국립공원으로, 여름에는 47도까지 올라가는 사막 지형이라 겨울에 가야 하는 곳이었다.

  녀미는 남편 수빈을 스무 살 때 천체 관측 동아리에서 만났다. 이 둘은 캠핑이나 클라이밍 등 몸으로 하는 건 무엇이든 꽂히면 제대로 하는 친구들이었다. 나의 아웃도어 로망이 일상인 커플이니, 이들을 따라가지 않을 이유가 없었다. 데스밸리에서 2박 3일 동안 이 둘이 자연을 즐기는 방법을 엿봤다.

  딱히 정해진 스케줄은 없었다. 텐트를 치고 그냥 각자 하고 싶은 일을 했다. 녀미는 뜨개질을 하고, 수빈은 사진을 찍으러 다니고, 나는 친구들에게 보낼 연말 카드를 썼다. 그러다가 노을을 감상하고 밥을 해 먹은 뒤 별이 나올 때까지 기다리며 소화시킬 겸 분화구 트레일을 걸었다.

  수빈이 가져온 인디아 페일 에일 맥주 이름인 '서라운디드 바이 네이처(Surrounded By Nature)'처럼, 말 그대로 자연에

둘러싸여 캠프파이어의 나무 타는 소리와 겨울밤 별자리로 꽉 찬 밤하늘을 감상했다. 처음이었다. 대자연 속에서 분주하지 않게 천천히 주위를 음미하며 2박을 보낸 건. 데스밸리는 죽음의 계곡이 아닌 생명의 계곡이었다. 떨어지는 별똥별을 보며 생각했다.

'아! 나만 보기 아까운데!'

그런데 누구랑 가지? 마침 나는 디지털 노마드로 지내던 터라, 시간과 공간의 제약에서 자유로웠다. 그치만 무조건 나가야 하는 나와는 달리 남편은 집에만 있어도 충분히 할 게 많은 사람이라, 끓어오르는 내 아웃도어 사랑을 충족시켜 주지 못했다. 나에게는 함께 자연으로 떠날 여자 친구들이 필요했다. 생각이 여기까지 미치자 평소에 갖고 있던 문제의식이 살아났다. 자연에서 몸을 움직일 여자 친구들, 왜 없지?

부족 찾기의 시작

추측건대, 그 이유는 두 가지 정도일 것이다. 캠핑을 가면 누가 시키지 않아도 늘 남자들이 무거운 장비를 들고, 텐트를 치고, 불을 피운다. 여자들은 주변을 정리하거나 식사를 준비한다. 바비큐를 하면 그건 또 남자 몫이다. 가족 단위로 온 캠퍼들을 보면 보통 아빠들의 취미 생활에 따라온 경우가 많다. 그러다 보니 여자들은 자연에서 집을 짓고, 잠을 자고, 불을 피우고, 불편한 생활을 하는 데 익숙지 않다. 심지어 캠핑을 좋아하는 나조차 혼자 불 피우는 스킬을 획득한 게 삼십 대가 다 되어서였으니! 여성들이 몸을 사리는 연약한 이미지를 미덕으로 삼기보단, 자연과 친해짐으로써 각자 안에 있는 자유로움을 표출하기를 바라는 오지랖 넓은 언니의 마음이 스멀스멀 올라왔다.

또 하나는 보여주기식, 흡사 경쟁적이기까지 한 장비 갖추기 캠핑 때문이 아닐까. 이것저것 다 있어야만 시작할 수 있는 것처럼 느껴지는 캠핑은 자연으로 나가는 행위 자체에 입문하기 어렵게 만든다. 비싸고 예쁜 장비를 세팅해 놓고 사진 찍기 위한 캠핑 말고, '진짜 캠핑'을 가야 느낄 수 있는 것들 말이다. 나에게 '진짜 캠핑'은 모든 인위적인 것을 뒤로하고 자연에서 자는 것이다. 24시간을 온전히 대자연에서 보내는 경험을 하면 몸이 가지고 있던 본래의 감각이 살아난다. 원래 갖고 있던 감각인데 다른 외부 자극 때문에 보이지 않다가 새로운 감각처럼 느껴지는 그런 순간들이 쌓일 때, '진짜 나'를 만날 수 있다고 믿는다.

남성 중심적이거나 보여주기식인 캠핑 문화를 탈피해서, 여자들이 마음놓고 자연으로 새로운 모험을 떠날 수 있는 커뮤니티를 상상하기 시작했다. 거창한 말은 차치하고, 사실 자연으로 같이 떠날 여자 친구들이 필요해서 일단 판을 깔기로 했다. 그러면 나와 비슷한 부족을 찾을 수 있을 것 같았다.

LA에서 출발한 WBC

부족을 모을 이름을 생각하다가, 아빠랑 코앞까지 갔다 돌아온 A.B.C.가 떠올랐다. 네팔 히말라야산맥에 있는 안나푸르나 베이스캠프(Annapurna Base Camp)의 약어다. 등산을 자주 하는 사람이라면 익숙할 법한 '베이스캠프'라는 용어는 '등산이나 탐험을 할 때 근거지로 삼는 고정 천막'이라는 뜻이다. 보통 등반가들은 높은 산을 오를 때 베이스캠프에서 정상까지 가기 위한 마지막 준비를 하며 휴식을 취한다.

모험하는 여자들의 베이스캠프를 만들면 어떨까? 여자들을 위한 베이스캠프, Women's Basecamp(WBC) 말이다. 여자들이 모험을 떠났다가 언제든 돌아와 충전하고 다시 모험을 지속할 수 있는 힘을 얻는 장소의 이미지가 떠올랐다. 처음 떠나는 모험가든 베테랑 모험가든, 베이스캠프는 필요하니까. 그곳에서 식량과 장비, 기술, 무엇보다 동료를 보충할 수 있을 것이다.

  나는 뭐든 시작하는 데는 두려움이 없는 편이라, 지금 우리가 갖고 있는 경험과 생각을 나누고 공유하기 시작하면 나처럼 동지를 찾아 헤매던 우리 부족이 나타날 것이라고 믿었다. LA에서 클라이밍을 하다 만난 나의 부족 녀미, 지은에게 WBC를 만들자고 제안했다. 우리가 제일 먼저 한 일은 인스타그램 계정을 만든 것이다. 브런치 계정도 팠다. 각자 자연에서의 경험을 한 편씩 올리고, 데스밸리로 첫 WBC 밋업을 떠날 사람을 모은다는 포스팅을 올렸다. 우리가 보고 온 별똥별 가득한 밤 하늘 사진도 함께.

  현영이라는 친구가 처음 반응했다. 등산을 좋아하는데 주위에는 패션업계에서 일하는 친구들밖에 없어서 산 타러 갈 사람 찾기가 어려웠다고 했다. 데스밸리까지 가는 길에 각자 산에 얽힌 추억 이야기를 나누며 금세 친해졌고, 서로를 깊이 이해할 수 있었다. WBC의 존재를 흥미롭게 여기고 인스타그램 DM으로 응원하는 사람도 생겼다. 두 아이를 키우는 워킹맘으로 자신을 소개한 동화는 아이들이 아직 어려서 아웃도어 활동은 잠시 쉬고 있지만 우리가 올리는 사진을 보면서 대리만족한다고 했다. 이렇게 구체적인 사람들을 만나면서 WBC의 필요성을 확인했다.

LA에서의 첫 밋업 오픈을 알리며 올렸던 데스밸리 사진. 분화구 위로 펼쳐진 하늘이 별똥별로 가득하다(사진 출처: 이수빈).

한국의 여자 친구들을 향해 쏘아올린 공

 LA에서 일단 WBC를 시작해 놓고 한국에 다른 일로 방문했는데, 한국에 올 때마다 같이 캠핑 다닐 친구들이 있어도 좋겠다는 생각이 들었다. 한국에서 나고 자라며 생긴 문제의식으로 시작한 일이니 얼마나 많은 여자들이 공감할지 궁금하기도 했다. 그때 당시 내가 멤버로 가입했던 빌라선샤인(일과 삶을 스스로 기획하는 여성들의 커뮤니티) 온라인 공간에 WBC를 소개하는 글을 올렸다.

 기대하는 마음으로 올린 글에 딱 한 사람이 댓글을 달았다.

그게 바로 지영이다. 이 사람과 5년이 지난 지금까지 WBC를 운영하게 될 줄이야!

어떤 사람인지 궁금해서 당장 만나기로 했다. 망원동의 주택 꼭대기 층에 올라가 A프레임의 문을 여니, 히피스러우면서도 아늑한 비밀의 공간에서 빨간 머리를 한 사람이 튀어나왔다. 갑자기 비현실적인 공간으로 순간이동이라도 한 듯했다.

'아, 이 친구는 어떤 사람이지?' 묻고 싶은 게 한둘이 아니었다. 공간 사업, 도시재생 등 다양한 키워드로 삶을 꾸려가는 지영의 아웃도어 라이프는 내 예상을 뛰어넘었다. 바로 다음 주에 친구들과 지리산 등반 일정이 있었고, 그다음 해 여름에는 사하라사막 250킬로미터 마라톤에 참가하려 한다는 계획을 들려줬다. 나보다 에너지 넘치는 사람은 처음이었다. 둘 다 시간을 쪼개서 만났기에 랩처럼 속사포로 자기소개를 주거니 받거니 하다 보니 한 시간이 5분처럼 지나갔다.

특히 우리는 자연에서의 경험이 얼마나 우리를 치유하고 앞으로 나아가게 하는지 찬양했고, 아웃도어 신의 여성의 부재에 대해 공감했다. 말이 잘 통하니 같이 뭐라도 해보고 싶다는 생각이 들었다. 제주 캠핑카 여행은 사실 WBC 한국 모임 파일럿 판으로 지인들을 모아서 떠나는 거라는 이야기를 슬쩍 꺼내니 곧바로 일어나 옆 책장에서 『여행하는 집, 밴라이프』라는 책을 꺼내 들고 왔다. 밴을 개조해서 작은 집을 만들어 이동하며 사는 삶에 관한 책. 그렇게 만난 지 한 시간 만에 4명이 5명이 됐다. 우리는 밸런타인데이에 떠나는 제주 캠핑카 여행을 계획하기 시작했다.

콘셉트는 '자연'. 자연이 아름다운 제주로 떠나 발 닿는 대로 그곳을 누리고 싶었기에 캠핑카를 빌렸다. 해 지는 노을을 보기 위해 서쪽 해변을 중심으로 동선을 짰고, '자유 시간'을 군데군데 박아놓았다. 각자 자연에서 할 수 있는 드로잉, 요가, 명상, 조깅, 하이킹 등의 활동을 리드하기로 한 것이다.

밸런타인데이가 이렇게 기다려졌던 때가 있었던가. 일단 WBC 인스타그램 계정을 파서 사람을 모으길 잘했다는 생각이 들었다. 일은 벌이면 또 굴러가게 마련이니까, 좋은 사람들을 만날 수 있는 장치가 된다. 비슷한 결을 지닌 내 친구들을 연결해 놓으니 일사천리로 제주도 캠핑카 여행이 성사됐고, 우리는 생각 이상으로 끈끈해져서 돌아왔다.

한국에서의 꿈같았던 파일럿 모임을 끝낸 나는 앞으로 이들과 할 일을 궁리하며 LA로 돌아왔다. 날벼락 같은 상황이 찾아올 줄도 모르고. 코로나19 팬데믹이 시작된 것이다. 우리가 가장 좋아하는 바깥 활동이 제한되는 상황이라니! LA의 나와 한국의 지영은 움직일 계획은 세우지도 못한 채 종종 정보만 교환하며 그 시기를 버텼다.

지영

캠프파이어, 여자들 그리고 질문의 밤

"같이 캠핑 다닐 여자 친구들을 찾아요."

커뮤니티에 올라온 하늬의 글을 우연히 보자마자 바로 메시지를 보낼 수밖에 없었다. 강한 직감이 나를 휘감았다. 오랫동안 나 또한 원해 왔던 것의 씨앗을 본 것 같았다.

특히 아웃도어 활동을 수 년간 해오면서 느낀 여자 동료들의 필요와 부재에 공감했다. 나 역시 사회생활을 하며 점점 자연과 모험에서 멀어지고 있다는 위기의식이 스멀스멀 올라오던 참이었다. 오래도록 마음 깊이 품고 있었던 해묵은 갈증이 잠시나마 풀렸다. 반가운 마음에 나를 소개하고 꼭 한

번 만나고 싶다고 메시지를 보냈다. 형식적인 소개나 긴 설명 없이도 우리는 당장 만나는 데 합의했고, 처음 만난 자리에서 서로의 삶을 탈탈 털어냈다.

그렇게 만난 하늬는 큰 키처럼 말투도, 행동도 거칠 것 없이 시원시원한 사람이었다. 우리는 마주 앉아 서로의 지난 삶과 바라는 삶, 모험에 대한 욕망 등을 숨쉴 틈 없이 털어놓았.

하늬가 LA에서 만든 WBC 계정을 보여주었다. 많은 것을 상상할 수 있는 이름이었다. 그렇게 처음 만난 우리 둘은 한국에서도 무언가를 같이 해보자는 미래 계획까지 덜컥 세우고 말았다. 다음 만남도 바로 정해졌다. 제주도 캠핑카 여행이었다. 처음 만나는 여자들과 오래도록 로망이었던 캠핑카를 타고 여행한다니, 참을 수 없었다.

불과 1시간 전만 해도 상상하지 못한 일이었다. 시작은 아주 작은 용기였다.

오늘 밤 어디서 잘지 모른다는 사실이 주는 기쁨

금요일 낮에 제주도에 도착하자마자 우선 캠핑카부터 빌리러 갔다. 약속된 장소에는 여기저기 성한 곳이 없어 보이는 캠핑카 한 대가 주차되어 있었다. '제주캠핑카 010-××××-

×××ד라는 문구를 앞뒤로 큼지막하게 달고 있는 오래된 캠핑카를 마주한 순간부터, 이미 '낭만적인' 여행을 하기는 글렀다는 생각에 우리 모두 웃음을 터뜨렸다.

캠핑카는 처음 운전해 본다는 행동대장 하늬가 거침없이 운전대를 잡고 시동을 걸었다. 캠핑카 안에는 아래 위로 빽빽하게 수납장이 채워져 있었는데, 차의 미세한 들썩임에도 수납장 문짝은 요란한 소리로 존재감을 발산했다. 덜컹이며 달리다 보니 얼마 지나지 않아 바다가 펼쳐졌고, 우리는 동시에 환호를 내질렀다.

첫날의 계획은 딱 하나였다. 해변을 따라가다가 한적한 곳에 차를 세워둔 채 해 지는 장면을 보고 저녁을 해 먹는 것. 우당탕탕 합주하는 캠핑카의 소리에 익숙해질 때쯤, 걱정이 무색하게도 우리의 계획에 딱 알맞은 아늑한 해변이 나타났다. 썰물이 밀려가면서 드러난 넓은 모래사장 위에 장작을 쌓고 모닥불을 피우고는 오래오래 이야기를 나누었다. 처음 겪는 낯섦과 깊숙이 밴 익숙함이 섞여든 시간 속에서, 우리는 일사불란하게 새로운 공동체를 쌓아 올렸다. 모래사장은 끝없이 펼쳐지는 것 같았다.

눈을 뜨자마자 캠핑카의 아담한 창문으로 바다를 확인하고는 순식간에 행복해졌다. 2월이었지만, 여름 바다 같았다. 하지만 갑작스러운 햇살에 맞는 복장이 미리 준비되어 있을

리 없었다. 방금 전까지 걸치고 있던 두꺼운 패딩과 걸치고 있던 옷을 훌훌 벗어 던졌고, 하늬와 함께 마침 입고 있던 스포츠 브라만 걸친 채 일광욕과 요가를 즐겼다. 실컷 우리만의 시간을 만끽하고 난 늦은 아침에야 사람들이 모래사장을 채우기 시작했다. 우리는 왠지 뿌듯해진 마음으로 캠핑카에 올라탔다.

바닷가에서 하룻밤을 보냈으니, 다음 날은 숲속에 자리를 잡아보기로 했다. 오름에서 짧은 트레킹을 마치고 캠핑카를 세울 만한 야영지를 찾아 나섰다. 전화를 여기저기 돌려 보았지만, 캠핑카란 소리에 다들 어렵다는 답변을 주었다.

"이럴 때 아무 데나 세우고 자려고 우리가 캠핑카를 빌린 거 아니겠어?"

지도상에 숲이 있을 만한 곳으로 차를 몰고 갔지만, 캠핑은 어렵다는 소리에 몇 번이나 차를 돌려 나오던 길이었다. 이왕 이렇게 됐으니, 인적 드문 곳을 찾아 차를 세우자는 데 의견이 모였다. 차를 돌려 나오는 길에 텅 빈 야영장 같은 곳을 발견했다. 화장실도 있고 캠핑 데크가 마련된 것을 보니 캠핑 사이트 같은데, 아무도 없는 것이 의아해 차에서 내려 공간을 둘러보았다. 그러자 멀리서 누군가가 우리를 부르며 다가왔다.

1장 모험가 여자들을 찾아서

"캠핑하실 거예요?"

"네, 캠핑카를 타고 와서 차에서 자려고요."

메아리 같은 대화를 주고받으며 점점 가까워졌다. 김무스의 앞머리처럼 긴 눈썹을 가진 할아버지가 얼굴 가득 인자한 미소를 머금은 채 신이 나서 공간을 설명해 주셨다. 오픈을 준비 중인 생태체험학습장 겸 야영장인데, 필요하면 하루 묵어 가라고 하셨다. 거기서 멈추지 않고 할아버지는 더 좋은 데가 있으니 따라와보라며 발걸음을 옮기셨다.

그곳에는 키 큰 나무가 줄지어 선 도로가 있었다. 야영장 내부에서 목장으로 이어지는 길이라 차가 다니지 않는다고 했다. 상상하던 야생의 이미지 그대로였다. 아무도 없는 숲속 도로에 캠핑카를 세우고 모닥불을 피울 수 있는 우리만의 공간을 찾다니, 너무 좋아서 방방 뛰며 소리를 질렀다.

삶에 우연을 초대하는 용기

장작불이 갑작스러운 비에 사그라든 그날 밤, 우리는 둘러앉아 카드놀이를 시작했다. 일명 '아이엠 카드' 게임. 불멍의 밤을 고대하며 카드를 준비해 온 예지가 능숙하게 설명하며 게임을 이끌었다. 원카드처럼 카드를 빨리 소진하는 사람이 이기는데, 카드를 낼 때마다 카드에 적힌 키워드로 사람들에게 질문을 던지고 질문을 받은 사람은 대답하는 게임이었다.

질문에 앞서, 이번 여행에 대해 떠오르는 이미지 카드를 뽑았다. 내가 고른 이미지는 하늘로 뻗은 초록의 키 큰 나무 사이로 뻗어 나가는 텅 빈 도로였다. 어디로 이어질지 알 수 없는 길 위에 섰을 때의 내 마음을 생각했다. 그러한 이미지는 언제나 가슴 뛰게 한다. 그것은 '자유' 그 자체였다. 그런데 언제부터인가 '알 수 없음'이 불안함으로 다가오기 시작하면서 주저하고 머무르는 사람이 된 것만 같았다.

그런데 오늘 다시금 깨닫지 않았는가. 예상할 수 없는 길을 떠났기에 얼마나 멋진 일이 벌어졌는지. 우연한 행복이 얼마나 기쁨을 확장시켜 주는지.

이번 여행은 갑자기 내리는 빗속에서도 어떻게든 불을 피워내고, 당장 오늘 밤 어디서 머물지 알 수 없어도 어떻게든 원하는 길을 찾아내는 사람들과 함께였다. 안정적인 확실함과 매력적인 모호함 중에 후자를 택하며 자신만의 색으로 시간을 쌓아가는 사람들이 못내 사랑스러웠다. 이토록 사랑스러운 이들과 함께 넘치는 우연에 몸을 맡기며 나는 행복에 마구 헤퍼질 수 있었다. 그 속에서 내가 사랑하는 나를 다시 발견했다.

'장례식'이라는 키워드로, "내 장례식에서 사람들이 나를 어떤 사람이라고 얘기해 주었으면 좋겠는가?"라는 질문이 나왔다. 다른 친구들의 말을 들으며 곰곰이 생각해 보았다. 이건 스스로에게 던지는 질문이기도 했다. 나는 내가 어떤 사람으로 남길 바라는가? 나는 내가 어떤 사람이 되면 좋겠는가?

우산을 씌워둔 장작불도 이제 연기만 내뿜고 있고, 질문의 밤이 까맣게 깊어갔다. 나는 앞으로도 모험을 사랑하는 사람이고 싶다고 대답했다. 그리고 그 모험의 여정에, 스스로 자신이 바라는 '나 자신'이 되어가길 바라는 다른 여자들과 함께하고 싶다는 꿈이 피어올랐다. 짧지만, 많은 것이 바뀌기에 충분한 밤이었다.

이 여정이 무엇을 향할지는 모르지만, 알 수 없는 가슴의 떨림을 따라온 친구들과 함께 3박 4일의 모험 같던 여행을 마치며 우리는 이런 이야기를 나누었다.

"다음에는 여자들을 모아서 같이 백패킹을 가자."
"전 세계의 여자들을 이렇게 모을 수 있지 않을까? WBC 서울 지부, LA 지부 식으로, 전 세계에 지부를 만들자."

그렇게 반쯤은 허황된 꿈을 마구 펼쳤다. 꿈으로 가득했던 제주 캠핑카 여행에서 돌아온 직후 코로나가 찾아왔고, LA로 돌아간 하늬는 한동안 서울로 돌아오지 못했다. 하지만 상상의 씨앗은 사라지지 않고 1년 반 뒤에 결국 싹을 틔웠다. 그때만 해도 몰랐지, 이것이 우리 삶에 이렇게나 깊이 자리 잡을 줄은.

지영

내가 그리던 모험의 모양, 잊고 있던 나의 조각

도무지 찾을 수 없었던 '나와 꼭 맞는 세계'

나는 모험을 잃어버린 사이에, 충실한 사회의 일원이 되기 위해 부단히 노력했다. 열심히 공부하고 각종 스펙을 쌓다 보면 자연스럽고 당연하게도 사회 한구석에 자리를 차지한 '어른'이 되겠거니 생각했다.

그런데 첫 단추부터 잘못 꿴 걸까? 도무지 나와 맞는 세계는 나타나지 않았다. 큰 조직부터 작은 조직, 공공기관부터 스타트업을 가리지 않고, 콘텐츠 기획부터 도시 재생, 국제 교류 등 닥치는 대로 기회를 찾아 문을 열고 세상을 만났지만 찾을 수 없었다. 경험의 조각은 쌓여갔지만 발이 땅에서 붕 떠 있는 느낌이었다.

'나에게 꼭 맞는 세계는 대체 어디 있는 걸까?'

일뿐 아니라 삶을 공유하는 커뮤니티에서도 나는 방랑자였다. 하지만 나는 누가 뭐래도 사람을 좋아하고 새로운 것을 탐구하는 일을 즐기는, 말하자면 '커뮤니티 인간'이다. 하늬를 만난 빌라선샤인을 포함해 수많은 형태의 커뮤니티에 속해 있었고, 각종 커뮤니티 서비스의 얼리어답터이자 충실한 고객이었다. 독서 모임을 오랫동안 해왔고, 10년 가까이 등산과 트레킹을 하는 아웃도어 친구들 그룹도 여럿 있었다.

그뿐이랴. 기본적인 학교 사람들부터 동아리, 대외활동에서 만난 그룹들까지 이십 대의 나는 사람들을 만나느라 늘 바빴다. 그런데도 완전히 '속한' 느낌은 어디에서도 받지 못했고, 이 갈증을 풀 길을 찾지 못했다.

무엇도 궁금하지 않던 깜깜한 봄

나에게 잘 맞는 다른 세계가 있지 않을까? 깜깜한 방구석에서 무작정 비행기표를 끊었다. 인도와 아시아를 방랑하다가 돌아온 지 얼마 지나지 않아 이번엔 다시 유럽으로 떠났다.

유럽에서 방황하던 중 아웃도어 활동을 한창 같이했던 오지탐사대 친구를 통해 바이칼호수 트레킹을 가는 그룹이 있다는 소식을 들었다. 나는 한국으로 돌아오는 길에 러시아에 들르기로 했다.

큰 기대는 없었다. 그저 아름다운 자연을 걸으면 위로가 되지 않을까 하는 실오라기 같은 희망을 품었을 뿐이다. 그런 채로, 오랜만에 큰 배낭을 들쳐 메고 낯선 곳을 함께 걸을 동료들을 만났다. 처음 보는 이들 앞에서 밝게 웃으며 어색함을 풀어보았지만 사실 그때 나는 사람과 커뮤니티에 대한 기대와 호기심도 다 사라지고, 사람들과 어울릴 마음의 에너지도 바닥난 상태였다. 하지만 일단 길을 걷기 시작하자 잡생각들에서 서서히 벗어나기 시작했다.

러시아는 거대한 땅이었다. 호수라는 것을 알고 봐도 바다처럼 보이는 바이칼호수에는 정말 바다처럼 파도가 쳤다. 가뜩이나 넓은 땅덩어리 중에서도 문명의 손이 닿지 않은 자연의 길을 걸었다. 인터넷 신호가 잡히지 않았다. 문명과 닿지 않은 채 길 위에서 생활하다 보니 사흘째에는 보조 배터리마저 방전됐다. 덕분에 의도치 않게 디지털 디톡스를 경험했다.

연결이 끊어지자, 새로운 감각이 열렸다. 걸음걸음. 왼편으

러시아 바이칼호수를 함께 걸었던 원정대원들. 하얗게 얼어붙은 동토를 생각하고 떠났던 여름의 러시아는 생각보다 푸르렀다.

로는 윤슬이 빛나는 호수가, 오른편으로는 색색의 꽃이 피어난 풀밭과 푸른 숲이, 앞으로는 다정한 작은 흙길이 펼쳐졌다. 묵묵히 걸음에만 집중하며 태양이 떠올랐다가 지고 구름이 지나가는 모양에 따라 달라지는 빛과 온도를 느꼈다. 디지털 세계와의 연결을 끊어내고 작은 화면에 붙였던 눈을 돌려내가, 이 순간 온몸 가득 속해 있는 자연을 느끼는 동안 풀릴 것 같지 않았던 고민 덩어리들이 스르르 사라지는 것 같았다.

혼자인데, 이상하게 함께였다

 앞뒤로는 든든한 동료들이 걷고 있었다. 어디서든 적당한 자리에, 하늘과 빛과 우리의 발걸음이 허락하는 만큼 걷다 멈춰서 쉴 곳을 만들 수 있다는 사실이 주는 자유가 있었다. 전날 먹다 남은 밥으로 누룽지를 끓였다. 몇 개 없는 반찬에도 밥을 쑥쑥 비웠다. 우리는 걷는 동안은 각자의 방식으로 자연을 즐기며 묵묵히 자신의 길을 걸었지만, 밤이면 캠프파이어 앞에 둘러앉아 대화하며 서로의 하루를 함께 씻어냈다.

 별이 뜬 밤하늘 아래 잠이 들고, 눈뜬 자리에서 일출을 볼 수 있다는 사실이 안겨주는 단순한 행복에 나는 조금씩 편안해졌다.

 "추억이 될 순간을 쌓고 있다." 안 그래도 무거운 배낭에 기어이 쑤셔 넣어 가져온 두꺼운 일기장을 열심히도 펼쳤다. 이 시간을 기억하고 싶었다. 꾹꾹 눌러 적은 문장들이 배낭을 메고 걷는 걸음마다 마음에 쿵쿵 박혔다. 다시 살아난 무언가가 나의 마음에 작은 초 하나를 켠 듯했다. 무엇도 궁금하지 않다는 깜깜한 절망 속에 웅크렸던 시간. 결국 답은 사람에게 있었던 걸까?

 드넓은 자연 속에서 나는 무엇보다 나 자신과 다시 제대로 연결될 수 있었다. 그리고 그 길에 함께하는 이들이 있어 나는 고독하지만 외롭지 않았다. 우선 나 자신과 제대로 마주하고 나서야 생긴 마음의 공간에서, 나는 사람들과 비로소 온 마음으로 연결될 수 있었다.

대자연 속에서 경험한 고독은 내 안에 세상을 담을 품을 오히려 더 넓혀주었다. 이러한 연결과 느슨한 연대의 감각은 이후에 내가 온라인 연결을 잠시 끊고 자신과의 대화에 몰입할 수 있는 '고독스테이'라는 공간을 만드는 이유가 되기도 했다.

다시금 궁금해지는 타인이 내 삶에 나타나기 시작했다. 자연에서 걸으며 대화하고 사람들과 함께 밥을 먹는 단순한 시간을 보냈을 뿐인데, 무언가가 달라졌다. 자연에서는 모든 것이 자연스러웠다. 온전히 혼자 있으면서도 함께할 수 있다는 감각을 그렇게 회복하고 있었다.

그때, 길을 함께 걸었던 동료 중에 명해가 있었다. 혼자 있고 싶을 때도 주변 에너지에 쉽게 휩쓸리고 마는 나와 달리 명해는 대부분의 시간 동안 그룹에서 적당히 떨어져 자신의 속도로 차분히 걷고 있었다. 이 길을 걷자고 제안했던 사람이라는 것이 새삼스럽게 느껴질 정도였다. 10여 일간 동고동락했지만 사실 개인적인 이야기는 거의 나누지 않았다. 그럼에도 그 묵묵하고 담담한 모습이 어쩐지 나는 궁금해지기 시작했다. 또 모르지. 우리에게 다가올 미래를 예감한 걸지도.

명해

우리만의 '월든'으로, 웰컴!

오지 탐사로 시작한 매운맛 산행

본격적으로 산행을 시작한 건 대학원 시절에 친구의 추천으로 알게 된 한국 청소년 오지탐사대 덕분이다. 대한산악연맹 주최로 이십 대 초중반의 청년들을 선발해 해외 원정 산행을 보내주는 프로그램이었다. 몇 해 전 탐사대로 선발돼 키르기스스탄 카라콜로 원정을 다녀온 친구는, 내가 정말 좋아할 거라며 꼭 지원해 보라고 강력히 추천했다.

당시 나는 물만 좋아라 하는 바다쟁이였지, 산행에는 딱히 관심이 없었다. 아니다. 주변에 산에 다니는 친구들이 없어서 산에 가볼 생각조차 안 해봤다는 게 맞겠다. 대학을 졸업할 때쯤, 추억 여행을 하자며 수영 동아리 친구들과 무턱대고 설악산 공룡능선을 오른 적은 있다. 산행에 문외한이었던 나의 물 친구들은, 하나는 청바지를 입고 다른 하나는 스니커즈를 신은 채였다.

젊은 체력에 휘적휘적 곧잘 걸었으니 산행을 '배운다'는 생각은 딱히 해본 적이 없다. 등산화 정도 갖춰 신고 일단 걸으면 될 일이라고 생각했다. 아는 것이 그 수준이다 보니 해외 원정 산행이라는 것도 등산과 해외여행을 합친 정도이겠거니 했다. 어쨌거나 여행이니 재밌을 것 같았고, 거의 공짜로 보내주는 해외여행이라니 마다할 이유가 없었다. 열심히 준비해 일단 합격하고 보자. 그렇게 나는 2016년 오지탐사대로 선발됐다.

단순하고 몸에 충실한 생활

이후 3개월간, 주말마다 전국의 산을 다녔다. 또래 청년들 10여 명이 한 팀으로 묶여 산행 경험이 많은 대장님과 지도위원님의 지도하에 산행 훈련을 받았다. 체력 하나는 자부했건만 매주 이어지는 산행 훈련은 제법 힘에 부쳤다. 두 번째 훈련 때였던가, 박배낭(1박 이상의 야영 장비를 담은 배낭)을 메고 거제지맥을 종주하는 강행군을 한 다음 날에는 응급실로 실려가 횡문근융해증(고강도 운동으로 인해 근육 세포 안의 성분이 혈류로 방출되는 질환) 진단을 받기도 했다.

해외 원정을 목표로 본격적인 산행을 배우자니 모든 게 새로웠다. 오르막길에선 언제쯤 쉬어주는 게 체력 안배에 좋은지도 익히고 물을 아껴 마시는 연습도 해보고 갑자기 쏟아진 폭우에 쫄딱 젖었을 때 저체온증을 피하는 방법도 알음알음 배웠다. 캠핑을 해본 것도 이때가 처음이었다. 야생에서 며칠을 먹고 자고 생존할 수 있는 주옥같은 배움이었다.

야영을 속전속결로 익힌 우리는 그해 여름 미국으로 떠났다. 미국 3대 트레일 중 PCT(Pacific Crest Trail, 멕시코 국경부터 캐나다 국경까지 미국 서쪽 해안을 잇는 약 4,300킬로미터의 트레일)의 오리건 구간인 500킬로미터를 열흘 동안 걷는 일정이었다. 장거리 트레킹에 불필요한 무게를 최대한 줄일 겸 운행 담당 부원 몇을 제외하곤 휴대폰은 모두 반납했다. 이십대 청년 열댓 명과, 인터넷은 물론 휴대폰도 없이 꼬박 열흘을 종일 숲에서 걷고 먹고 자고 함께 생활하는 일은 난생처음 해보는 경험이었다.

단체 오프라인 생활은 단조로운 듯 다채로웠다. 어떤 구간은 모기가 너무 많아서 종일 소리를 지르며 걸었다(볼일을 보느라 바지를 내리면 속절없이 엉덩이 테러를 당했다). 또 어떤 날은 하루에 50킬로미터를 넘게 걸어야 해서 질질 울다가, 산딸기를 발견해 손끝이 검어지도록 신나게 주워 먹으며 걸었다. 그렇게 울고 웃다 보면 박지(텐트를 치고 하룻밤 묵는 장소)에 도착했고, 식량이 풍족한 날에는 알파미(갓 끓인 쌀밥을 급속 건조한 식품)에 라면까지 끓여 먹을 수 있다며 감동했다.

단순하고 몸에 충실한 날들이었다. 노마딕하고 단체로 움직인다는 점이 달랐지만, 자연에 집을 짓고 간소하고 단순한 일상을 영위한다는 점에서 내게 '월든' 같은 시절이었다. 부지런히 몸을 움직이며 현재에 집중하니 감각이 되살아나고 마음이 풍요로웠다. 문명과 동떨어져 또래 친구들과 야생에서 보낸 그 열흘은 인생의 큰 변곡점이 되었다.

이듬해엔 일본 남알프스로 원정을 갔다. 대장님과 미국 팀 친구들 몇몇과 함께 6박 7일간 일본의 산을 걸었다. 때마침 태풍이 몰려온 7월이라 종일 비에 젖어 갖은 고생을 했다. 안개 때문에 시야가 흐려 경치도 못 봤다. 그래도 일본의 산장 문화도 경험해 보고, 목표한 길을 걸어낸 게 더없이 뿌듯했다. 무엇보다도 자연에서 친구들과 동고동락하며 보낸 시간은 PCT 때처럼 더없이 충만했다. 멍하니 모니터만 들여다보는 대신 내 곁의 사람들, 밤하늘, 지금 이 순간에 오롯이 집중한 시간이었다.

미국 PCT와 일본 남알프스 원정을 다녀와서 대학원을 졸업한 나는 첫 직장에 취직했다. 입사하고 1년치 연차가 두둑히 채워진 첫해에, 나는 또 슬그머니 원정 계획을 세웠다. 해외로 원정 산행을 가려면 일주일 정도 긴 휴가가 필요했다. 현실적으로 한 해 연차를 전부 써야 했지만, 지난 원정의 추억이 큰 행복이었기에 조금도 아깝지 않았다. 미리 열심히 일하고 여름엔 길게 쉬겠노라고 연초부터 회사에 밑밥을 깔았다.

 이번엔 어디로 갈까? 누구랑 갈까? 위험한 산행지일수록 혼자보단 여럿이 가야 조금이라도 안전하다. 거기다 국내도 아니고 정보도, 경험도 없는 해외 트레킹이라면 더욱. 그게 아니더라도 원정은 함께해야 더 즐겁다! 그렇게 내 인생 세 번째 해외 원정, 러시아 바이칼 트레킹이 시작됐다.

짜릿한 해외 원정에 사람들을 초대하다

"9박 10일 일정으로 러시아 바이칼 원정 함께 가실 분?"

 오지탐사대로 원정을 다녀온 청년들이 200명 정도 모여 있는 단체 채팅방에 글을 올렸다. 커뮤니티에 소식을 올리니 여자 셋, 남자 셋이 훌쩍 모였다. 시간과 돈도 많이 들고 장비

나 훈련도 필요한 일인데 휘뚜루마뚜루 청년 여섯이 모인 걸 보니 다시금 신기했다.

들여다보면 면면이 재미난 이들이 많았다. 현 남편이자 구 남자 친구인 지호는 익스트림 스포츠인 파쿠르(도시나 자연 환경 속의 장애물을 이용해 달리기, 점프, 기어오르기, 구르기 등을 하며 이동하는 운동)를 업으로 했다. 지리산 자락에서 요가원과 찻집을 운영하는 창섭, 1년간의 세계여행 끝자락에 러시아에서 합류하겠다는 서린, 나와 함께 미국 원정을 다녀온 윤선과 진수까지, 남자 친구를 제외하고는 모두 오지탐사대 친구들이었고 원정의 재미를 아는 이들이었다.

이 원정에 마지막으로 합류한 사람이 지영이었다. 서린의 친구라며 합류한 지영과의 첫 대면은 왠지 생생하다. 러시아에서 바로 만나기로 한 지영은 자정에 가까워서야 이르쿠츠크의 숙소에 도착했다. 땡동, 초인종 소리에 문을 열어보니 작은 체구에 키를 훌쩍 넘기는 빨간 배낭을 높이 멘 여자가 서 있었다. 완성형 메이크업에 풍성한 히피펌은 머리 끝만 초록색으로 물들어 있었다. 곧이어 하이 톤의 목소리로 환하게 웃으며 들어온 그녀. 나중에 알고 보니 사주팔자가 온통 '양(陽)'이라는 지영은, 그 사주가 납득될 만큼 밝음을 내뿜으며 내 인생에 입장했다.

지영의 첫인상에 나는 내심 긴장했다. 내성적이고, 고요와

단정을 추구하는 나와는 참 다른 사람 같았다. 하지만 긴장도 잠시, 좌충우돌 트레킹을 앞두고 더 큰 걱정과 씨름하다 보니 지영과 무슨 얘길 나누었는지 특별히 기억나진 않는다. 나는 모임의 추진자로서 지영을 포함한 모든 친구들에 대해 괜한 부담과 책임감으로 가득 차 있었을 뿐이었다. 그렇게 러시아에서 완전체가 된 7명의 청년들은 생명의 호수, 바이칼로 떠났다.

러시아 마트를 뒤져 이소 가스(영하의 기온에도 얼지 않아 캠핑, 등산 등에서 휴대용 버너에 사용되는 연료)를 사느라 입산부터 계획이 틀어졌다. 아니다, 산행 들머리로 가는 교통편을 못 구해 트레킹 코스를 통째로 바꿨던 것부터가 본격적인 좌충우돌이었던 것 같기도 하다. 어쨌거나 우리는 얼음장 같은 바이칼호수에서 수영도 하고, 러시아 불곰을 마주치는 건 아닌가 걱정하면서도 잘 잤고(결국 마주치지 못한 불곰, 안녕), 호수를 끼고 너른 숲길을 원없이 걸었으니 목표한 것은 모두 이뤘다. 알혼섬에서 청춘 영화의 한 장면 같은 여행도 즐겼으니, 어쩌면 계획보다 200퍼센트 만족스러운 여정이었다.

모든 계획이 무상했던 우당탕탕 바이칼 원정에서 나는 처음으로 원정의 시작과 끝을 직접 챙기며 팀 산행에 대해 많은 걸 배웠다. 대장님과 동행하지 않고 오롯이 내 의지로 사람을 모으고 팀을 꾸려 다녀온 첫 해외 원정이었다.

1년 1원정 프로젝트

러시아에서 돌아온 뒤 나는 마음먹었다.

'앞으로 매년 원정 산행을 다녀야지!'

한국에서 직장을 다니며 종종 무기력해졌는데, 그때마다 미국과 일본 원정을 떠올렸다. 아침에 운동하면 그 엔돌핀으로 하루를 거뜬히 살아내는 것처럼, 1년에 한 번 이토록 충만한 휴가만 있다면 1년치 직장 생활도 버틸 수 있을 것이었다. 그만큼 해외 원정은 강렬하고 충만한 경험이었다.

내 모든 연차를 그러모아 1년에 일주일 남짓 해외 원정을 다녀야지. 당시엔 내가 오래도록 직장인으로 살 줄 알았기에 '존버'를 위해 생각해 낸 자구책이었다. 그렇게 1년에 한 번씩 원정을 다녀오면 꼬부랑 할머니가 되어서도 두고두고 곱씹으며 행복해할 추억이 몇십 가지는 될 게 아닌가! 삶이 다채롭고 풍성해질 것이었다.

그렇게 1년 1원정 프로젝트가 시작되었고, 이후로 중국 오손고도와 야마호수, 남미 파타고니아, 남알프스와 일본 다이세츠잔, 미국 존 뮤어 트레일, 핀란드 등 여러 곳의 대자연에서 친구들과 추억을 만들었다.

2019년 바이칼에 다녀온 이후로도 나는 지영과 종종 백패킹을 다녔다. 결이 비슷한 친구들이 야금야금 모여, 우리는 항상 왁자지껄하게 만났다.

한번은 독립적인 캠핑에 익숙한 친구와 산행을 간 적이 있다. 그 친구는 WBC 밋업에 처음 왔을 때, 초면인데 무조건 텐트를 나눠 쓰고 동고동락하도록 운영되는 방식이 낯설었다고 한다. 그 말을 듣고서야 퍼뜩 깨달았다. 비좁은 텐트를 함께 쓰고 데크 사이트와 장비를 공유하는 게, 솔로 캠핑을 선호하는 이들에겐 불편하고 부담스럽고 때론 무례하게 여겨질 수도 있겠구나.

나와 지영은 친구들과 어울리며 백패킹을 시작한 터라, 기본적으로 단체 산행에 익숙한 사람들이다. 그래서 그런 반응이 다소 충격이었다. 선호하는 방식의 차이라고 할 수도 있겠지만, 그룹 산행이나 단체 원정같이 서로 부대끼고 협력해야 하는 단체 생활 자체가 요즘 세대에겐 낯선 경험일 수 있겠다.

본의 아니게 처음부터 배운 산행이 팀플레이였기에, 산행과 캠핑 자체의 즐거움보단 불편하더라도 여럿이 어울려 지내는 연대의 가치를 경험적으로 공유하고 있었다. 서로 속도를 고려해 열 맞춰 걷던 바이칼의 숲길, 온몸이 깨질 듯 차가웠던 바이칼호수에 함께 뛰어들자며 모두 손을 잡고 내달린 경험, 즉흥형 인간들과 계획형 인간들이 모여 함께 만들어낸

9박 10일간의 결정 하나하나까지. 연대는 불가피한 충돌과 생경한 이질감을 일으키고, 그 결과 나의 경계는 허물어지고 더 넓어졌다.

밥벌이하느라 한창 바쁠 21세기 한국의 2030 청년들에게 인터넷, 쇼핑도 없는 야생에서 서로를 마주 보며 매일 걷고 자면서 함께 울고 웃는 시간은 돈을 주고도 구하기 어려울 만큼 귀한 경험이다. 불편한 자연에서 힘들고 더럽고 무용한 경험을 대체 왜 하느냐고 할지도 모른다. 그러나 그 밤을 한 번이라도 경험해 본다면, 인간이 몸을 움직이며 느끼는 즐거움, 대자연에서 느끼는 경외심, 단순하고 소박한 일상이 주는 풍요로움, 오프라인으로 관계하는 경험이 얼마나 충만한지 알 수 있을 텐데.

사는 게 바빠 1년에 한두 번 볼까 말까 한 사이인데도 원정을 다녀온 우리가 느슨한 관계로 오래도록 이어지는 건, 귀한 경험을 공유한 사이이고 또 그런 경험을 공유한 동료의 소중함을 알기 때문이다. 날것의 시간을 공유한 우리는 오랜 시간 벗으로서 느슨한 커뮤니티를 형성하고 있다.

그 후로 시간이 흘러, 지영이 내게 WBC를 함께 꾸려보지 않겠냐고 제안했다. 돌이켜보면 이런 공통의 경험이 차곡차곡 쌓였기에 별다른 설명 없이도 직감적으로 상상을 공유했던 것 같다. 우리가 만들고 싶은 새로운 커뮤니티가 어떤 가치를 품은 관계망인지, 또 그곳을 찾은 사람들이 어떤 꿈같은 경험을 나눌지 말이다. 우리가 만들어갈 WBC는 어쩌면 우리의 첫 만남, 러시아 바이칼부터 차곡차곡 시작되었는지도 모른다.

하늬

Follow Your Fear

한국에 더 필요한 WBC

2020년 2월이 마지막 한국 출장이자 여행이 될 줄이야. 제주 캠핑카 여행 후, 공항 TV에서 흘러나오는 코로나19 뉴스를 뒤로하고 LA로 돌아온 나는 1년 반 동안 꼼짝없이 갇혔다. 미리 잡아놓은 LA에서의 WBC 조슈아트리 국립공원 밋업도 사흘을 남겨두고 취소해야 했다. 격리의 시대가 시작됐다.

그리고 2021년 여름, 드디어 다시 한국 출장을 갔다. 지영과 함께 WBC 한국 일정을 잡기로 했다. 그리고 며칠 뒤, 지영에게서 연락이 왔다. WBC와 잘 어울릴 것 같은 친구가 한

명 있다고, 둘보다는 셋이 준비하는 게 더 낫지 않겠냐고. 지영의 감을 믿기로 했다. 그때부터 지금까지, 지영은 항상 사람을 '물어 왔다'. 그녀의 감은 대부분 맞았다.

처음 만난 사이도 10년은 알고 지낸 것처럼 만들 수 있는 나와 지영과는 달리 명해는 낯을 가렸다. 그래서 꼭 필요한 말만 하는 게 좋았다. 지영과 나의 하이퍼 에너지를 잡아주는 든든한 동생 같은 느낌으로 오지 탐험과 바다 수영이라는, 나로선 생소한 키워드를 갖고 있는 친구였다.

WBC는 한국에 더 필요하다고 생각하던 참이었다. 미국에는 여성들의 아웃도어 활동을 장려하는 모임이 꽤 있다. 그래서 미국 여성들을 대상으로 WBC를 한들, 그리 매력적일 것 같지 않았다. 지영과 나는 '처음 만나는 여자들끼리 모여서 백패킹을 떠나면 어떨까?'라는 상상을 현실로 만들어볼 한국에서의 첫 번째 공식 활동을 그리고 있었다.

그 그림이 구체화되기 위해서는 장소가 필요했다. 그리고 준비하는 우리부터 같이 캠핑을 해봐야 했다. 캠핑만큼 상대를 잘 알 수 있는 건 없으니까. 장소 답사를 빌미 삼아 우선 나, 지영, 명해 셋이서 여행을 떠났다.

강원도 민둥산 자락 산골에서 자란 쌍둥이 '숲자매' 정하와 인하네 집 앞마당에서 셋이 처음 합을 맞췄다. 명해가 일하면서 알게 된 숲자매가 누군지 궁금했는데, 이 김에 WBC 핑계를 대고 산속에 있는 너희 집 마당에 텐트를 쳐도 되겠냐고 물어보고 얻은 공간이었다. (후에 이 아이디어는 지역에 사는 멤버들의 마당과 같은 유휴 공간을 백패커들에게 내주는 '모험지'로 발전했다.)

한밤중에 도착한 숲자매네 앞마당은 땅인지 길인지 분간이 가지 않을 정도로 외딴 곳이었다. 늦은 밤이어서 우선 그곳에서 1박을 하기로 했다. 서둘러 텐트를 치는데, 명해는 얼른 자신의 텐트를 치고는 나한테 팩(텐트 가장자리를 땅에 고정시키는 못)을 박을 적당히 무겁고 탄탄한 돌을 건넸다. 그 모습을 보고 단번에 믿음이 갔다. 어둠 속에서 돌을 고르고 있던 나를 언제 봤지?

다음 날 일어나 보니, 숲자매의 부모님이 직접 지은 한옥이 풀과 나무가 우거진 숲에 둘러싸여 있었다. 우리는 맑은 공기를 찬양하며 땅을 보러 다니는 사람들처럼 숲 이곳저곳을 누볐고, 20명 정도가 텐트를 치고 둥그렇게 앉아 캠프파이어를 할 수 있는 장소를 찾아다녔다. WBC의 이름으로 사람들을 초대하는 첫 캠핑인 만큼 잘 정비된 캠핑장보다는 진짜 모험을 떠나는 것처럼 자연을 있는 그대로 느낄 수 있는 곳이길 바랐다. 어느새 우리는 숲자매네 숲을 넘어 저 먼 곳까지 걷고 있었다. 그러나 제초하지 않는 이상, 우리가 원하는 공간을 마련하기는 쉽지 않아 보였다.

차라리 바다 쪽으로 가보기로 했다. 강원도에는 동해를 따라 방풍림이 무리 지어 있는 곳이 있으니 어디라도 하룻밤 묵을 수 있는 곳이 마법처럼 나타나겠지 싶었다. 그런데 아무리 달려도 마땅한 곳이 보이지 않았다. 지영이랑 같이 갔던 제주도 캠핑 여행 때처럼 장소도 찾기 전에 해가 질 시간이 다가오고 있었다. 조바심이 났다. 지도를 켜고 캠핑장을 검색하기 시작했다. 주변 지인까지 총동원해서 바다 근처에서 하룻밤 잘 곳을 물었으나 별다른 답이 나오지 않았다. 이러지도 저러지도 못하고 시간만 애타게 쳐다보고 있는데, 뒷자리에서 조용히 있던 명해가 갑자기 확신에 찬 목소리로 외쳤다.

"잠깐, 차 돌려요!"

지는 해를 바라보며 온몸으로 느낀 바다

캠핑을 할 때는 자연의 시계에 맞춰야 한다. 어디로 갈지, 어디까지 갈지 어두워지기 전에 결정을 내려야 한다. 명해가 가리킨 낮은 언덕을 오르니 텐트를 치기에 알맞은 평지가 펼쳐져 있었다. 완벽했다. 신이 난 나와 지영은 돌고래처럼 소리를 질렀고, 뒤를 돌아보니 명해는 뿌듯한 표정을 지으며 눈을 지긋이 감았다. 셋은 차에서 짐을 내리고 서둘러 집을 지었다. 손발이 척척 맞았다. 지는 해가 너무 아름답고 아까워서 견딜 수가 없었다. 보고만 있을 사람들이 아니었다. 누구라고 할 것도 없이 쏜살같이 내려와 바닷물로 뛰어들었다.

8월. 따뜻하게 데워진 바다가 너무 포근했다. 한참을 서로 멀어졌다 가까워졌다 하면서 바다에서 헤엄쳤다. 셋이 같이 처음 떠난 여행인데, 우리는 굳이 말하지 않아도 단번에 같은 것에 즐거워하고 감사할 줄 알았다. 안 될 이유를 찾는 게 아니라 냅다 하고 보는 성격이 비슷했다. 예상치 못한 일이 일어나는 것을 허용하는 게 바로 모험이라고 누군가가 말하지 않았던가. 그런 면에서 우리는 모험할 줄 아는 여자들이었다.

바다 수영을 좋아하는 명해가 갑자기 '알탕'을 제안했다. '응? 알탕?' 깊고 깊은 바다가 우리의 허물까지 감춰주니, 입고 있는 걸 벗어보라는 거였다. '누가 보면 어떡하지? 갑자기 뭐가 날 물면 어떡하지?' 온갖 걱정이 앞섰지만 또 이런 제안이 흔히 있는 일이 아님을 알기에, 나와 지영은 멀찍이 떨어져서 미션을 수행했다.

해가 지면서 핑크빛으로 물드는 바다와 저 멀리 하나둘씩 켜지는 오징어배의 불빛, 태어나서 처음 온몸으로 느껴보는 바닷물의 감촉, 목만 내놓고 나눴던 대화를 잊지 못한다. 우리는 각자의 삶에서 우리를 머뭇거리게 했던 것에 대해 이야기했다. 조바심이 이끄는 대로, 두려움이 이끄는 대로 했을 때 얻은 유익들을, 그리고 오늘 모험하지 않았더라면 지금 경험한 이 모든 일은 존재하지 않았을 것임을 이야기했다.

이때 셋이 보고 느꼈던 그 장면, 그 모험이 우리 안에 단단한 기억으로 자리 잡았다. 그렇게 WBC의 슬로건은 'Follow Your Fear(두려움을 따라가라)'가 됐다. 결국 모험은 내가 해보지 않아서 두려운 그 무엇에서 시작하기 때문이다.

강원도에서 돌아오는 차 안에서 WBC 공식 첫 캠핑 장소를 굴업도로 정했다. 무거운 짐을 메고 배를 두 번 갈아타야 갈 수 있는 곳이다. 자연이 주는 힘을 느끼고, 맘 놓고 알탕을 할 수 있는 곳으로. 우리의 모험이 시작되고 있었다.

하늬

모험가 옆에 모험가

인천 앞바다의 신이 맺어준 인연

"우리 브랜드에서 플로깅(조깅을 하며 쓰레기를 줍는 환경 보호 활동) 하이킹 하는데!"
"나 갈래!"
"나도, 나도!"
"관악산 타고 마지막에 우리 주점에서 막걸리 마시는 밋업 열면 올래?"
"나 갈래!"
"나도, 나도!"

다시 돌아봐도 정말 마법 같은 시간이었다. 그 시간 덕분에 단톡방은 쉴 틈 없이 울렸다. 누가 뭘 한다고 올리면 최소 서너 명은 우르르 반응했다. 우리가 판을 깔긴 했지만, 도대체 어떻게 이런 사이가 된 걸까.

그러니까 이것은 운명적 인연이라고 받아들일 수밖에는 없었다. 인천 앞바다의 태풍과 파도의 신이 내린 운명.

WBC가 어떤 모습일지 가늠해 보기 위한 첫 파일럿 행사로 2021년 9월, 사람들을 초대하는 백패킹을 기획했다. 코로나19로 대놓고 모집하기는 애매한 상황이기도 했다. 정말 아무것도 없이 우리의 비전만 제시하고, 그것에 공감할 만한 주변의 지인(과 지인의 지인)들을 '커뮤니티 빌더'라는 명목으로 초대했다. 나, 지영, 명해까지 합쳐 총 18명이었다. 장소는 '백패킹의 성지'로 소문난 굴업도로 정했지만 덕적도에서 굴업도로 가는 배가 태풍 때문에 결항되는 바람에 갑자기 목적지를 덕적도로 바꿔야 했다.

이미 이곳에 온 사람들은 모험가였다. 서로 아는 사이도 아니고 우리가 무엇을 줄 수 있는지도 뚜렷하지 않은 상황에 '모험하는 여자들의 아웃도어 커뮤니티'가 필요하다는 이유로 온 것이다. "나는 그냥 평범한 회사원인데, 여기 너무 멋있는 사람들이 많이 모였네!"라고 한 선진은 남편의 걱정을 뒤로한 채 생애 첫 백패킹을 일단 질러본 모험가였다. 디자이너, 마케터, 아웃도어 의류 브랜드 대표, 막걸리를 만드는 사람, 한국 주둔 미군, 지리산국립공원 스태프, 어린이 놀이 기획자, 기자 등 정말 다양한 직업을 가진 사람들이 '자연'과 '모험'이라는 단어에 이끌려 한자리에 모였다.

애초에 기획한 1박 2일로는 사실 누가 누군지 기억하기에도 시간이 부족했다. 그런 우리에게 시간을 더 주려던 것일까? 돌아가는 날, 태풍주의보로 배가 뜨지 않았다. 회사에 급하게 연차를 써야 하는 상황에 다들 당황했지만, 18명의 모험가들은 이내 그 상황을 즐기기 시작했다. 자연을 좋아해서인지, 이들은 자연 앞에 순응할 수밖에 없다는 사실을 쉽게 받아들였다.

모험가들이 섬에 갇히면 일어나는 일

갑자기 1박 2일이 3박 4일이 되어버렸다. 식량도, 속옷도 할 얘기도 1박 2일치만 준비한 모두에게 여분의 시간이 생겼다. 18명이 모두에게 관심을 두고 각자의 삶의 궤적을 들을 수 있었다. 결혼 얘기를 하다가 갑자기 당사자 말고는 평생 볼 일 없는 결혼식 영상을 관람하기도 했다. 드레스가 아닌 흰 정장을 입고 예식을 치른 명해의 이야기도 들었다. 의상학

과를 졸업하고 남의 브랜드에 취직한 첫 출근날 엉엉 울었다는 은진의 이야기를 듣고는, 돌고 돌아 자본 없이는 불가능에 가까운 친환경 여성 아웃도어 의류 브랜드를 시작한 그녀의 삶을 사랑할 수밖에 없었다.

산을 좋아하는 사람들은 산으로, 바다를 좋아하는 사람들은 바다로 삼삼오오 모였다. 한꺼풀 벗겨 들여다보니 멋있어 보이는 모습 뒤에는 선택의 기로마다 했던 고민의 나이테가 차곡차곡 쌓여 있었다. 선진이 얘기한 대로 그곳에 모인 이들이 '멋있는 사람'일 수 있었던 이유는, 직업이 멋있다기보다 자신의 인생을 주체적으로 사는 여성들이었기 때문이었다.

사실 사회가 원하는 길, 정해진 길을 가지 않고 내가 무엇을 원하는지 계속 물으며 가는 건 여간 어려운 일이 아니다. 지치기도 하고, 잘못 가고 있지는 않은지 갑자기 두려움이 엄습하기도 한다. 무엇보다 편한 길을 놔두고 왜 흙길을 택하는지 나 자신도 모를 때가 많다. 그냥 다 내려놓고 잘 닦인 길을 가고 싶을 때도 있지만, 이미 너무 많이 걸어와 흙길로 돌아가기가 막막하기도 하다. 한 줄로 깔끔하게 표현할 수 없는 이력서가 그렇고, 짧게 끝낼 수 없는 자기소개가 그렇다. 그 고민을 알기에 우리는 서로의 이야기에 진심으로 공감했다.

서울로 돌아온 뒤 한 멤버는 자신의 의지에 따라 원하는 길을 선택한 사람들에게서 나오는 자신감 덕분에 힘을 얻었다고 했다. 이미 자신의 삶을 모험하던 모험가들이 다른 모험가들을 보며 동질감을 느낀 것이다. 이런 자신감은 사실 내 얘기를 들어줄 준비가 되어 있는 사람들 앞에서만 나오는 법이다. 가장 가까운 가족이나 오랜 친구 앞에서도 쓸 수밖에 없는 가면들, 그러니까 나에 대한 기대와 편견을 벗고 온전한 내가 될 수 있어야만 가능하다. 그날의 경험은 우리를 자신감 있는 모험가로 만들어줬고, 옆에 있던 모험가에게도 그 기운이 차올랐다.

엄마로부터 멀어져야 혁신이 나온다

이런 대화를 전에도 나눈 적이 있었다. 결혼해서 남편과 살림을 합치기 전까지, 2년간 '디웰(D-Well)'이라는 체인지메이커들의 커뮤니티 하우스에서 살았을 때다. 일종의 셰어하우스였는데, 운영 주체가 따로 있어서 사회 문제 해결을 커리어로 삼은 사람들을 선발해 임대료를 저렴하게 받았다.

이 공간을 만든 당시 루트임팩트 정경선 대표가 했던 말이 있다.

"엄마로부터 멀어져야 혁신이 나온다."

자기가 하고 싶은 걸 하려는 사람들은 엄마의 잔소리를 피해 집을 나와 서로 지지하며 살 필요가 있다는 뜻이다. 실제로 남자 8명, 여자 8명이 모여 사는 집에서 우리는 퇴근 후 모여 고민을 나누고 술을 마시고 노래를 부르며 친해졌다. 그 과정에서 서로가 하는 일에 영감을 받거나, 자연스럽게 협업하는 일이 생겼다.

그때였던 것 같다, 막연한 생각과 상상이 아닌 실제 삶으로 온전히 커뮤니티를 경험한 것은. 디웰 입주민들은 엄마의 잔소리로 상징되는, 사회적 잔소리에서 멀어져 자연스럽게 우리만의 사회를 만들고 있었다. 경제적 논리가 우선되는 일터에서 가치 지향적인 커리어를 추구하는 '비주류'인 우리가 그 모임에서는 '주류'였다. 그렇게 나의 신념이 온전히 이해받는 모임에 있으니 마음이 안정됐다. 우리끼리 고립되어서는 안 되겠지만, 나의 코어가 단단해지니 사회로 인해 상처받거나 남과 비교하는 불필요한 에너지를 소비하지 않게 됐다. 우리의 규모를 키우는 건 그다음 문제였다.

나 또한 미국에서 석사 과정을 마치고 첫 직장으로 사회 혁신가들을 돕는 글로벌 비영리 단체의 한국 지부를 선택하며 고민이 많았다. 곧바로 한국으로 돌아가는 게 왠지 미국에서 자리 잡지 못하고 귀국하는 것처럼 느껴졌다. "미국에서 석사까지 했는데……"로 시작하는 엄마의 잔소리를 들어야 했다.

당시 장거리 연애를 하던 남자 친구도 나를 현실 감각이 떨어지는 사람으로 취급했다. 만나는 친구들마다 내 선택에 대해 구구절절 설명하는 것도 지겨워질 무렵, 같은 선택을 한 직장 동료들 말고는 내 삶을 있는 그대로 봐주는 사람이 없는 듯한 두려움이 밀려왔다. 그러다가 나보다 더 제멋대로인 디웰 입주민들을 보니 신이 난 것이다.

미국은 물론 영국 유학까지 갔다가 돌아와 북한 관련 비영리 단체에서 일하는 친구, 해외 대학을 졸업하고 돌아와 교육을 변화시키는 스타트업에서 일하는 친구, 컨설팅 회사를 다니다가 소셜 섹터로 넘어온 친구, 대학을 휴학하고 시각장애인 인식 개선을 위한 브랜드를 운영하는 친구까지 남들이 보면 "왜?"라고 물어볼 만한 커리어를 선택한 친구들 곁에 있으니 나의 선택이 더 이상 초라해 보이지 않았다. 이들이 없었다면 나의 이십 대는 영영 자신을 믿지 못하고 방황하며, 나름의 선택을 해놓고도 확신을 갖지 못한 채 흘러갔을 것이다.

내가 나다울 수 있게 해주는 친구

이런 경험이 있었기에, 덕적도에서의 대화가 유독 특별하게 다가왔다. 어쩌면 나도 모험가 친구들을 모으는 일을 해볼 수 있겠다는 생각이 들었다. 더 많은 사람들이 자기 삶에서 모험하면 좋겠다는 꿈으로 마음이 꿈틀거렸다.

'모험가'라는 말은 꼭 커리어에 국한된 것은 아니다. 내가 안 해본 선택, 남들이 안 가본 길, 해보고 싶었지만 천만 가지 이유로 주저했던 일을 해보자는 말이다, 그게 무엇이든.

내가 나일 수 있게 해주는 사람들이 있다. 무엇을 해내서 대단하고 멋져 보이는 나의 모습만 궁금해하는 게 아니라, 고민하고 방황하는 과정에 있는 나의 모습을 궁금해하는 사람. 나의 모든 과거와 현재가 합해져 어떤 선택을 하게 될지 궁금해하는 사람. 그런 사람과 관계를 맺다 보면 서로가 서로를 궁금해하기에 상대가 무엇을 하든 한달음에 달려가곤 한다.

어떤 사람들을 옆에 두느냐가 중요한 이유다. 내가 온전히 모험가가 될 수 있도록 내 안에 있는 야성을 봐주는 사람, 그 한 사람의 존재가 소중한 요즘이다. 인생은 어떤 사람들에게 둘러싸여 있는지에 달렸다.

그래서 나는 꼭 디웰이나 WBC가 아니어도, 이 땅에 모험가들이 모인 커뮤니티가 많아지길 바란다. 디웰과 WBC에 모인 이들이 내가 나다울 수 있게 해주었던 것처럼 누구라도 자기답게 살 수 있는 안전지대를 발견하기를.

명해

당신의 행복을 축하해 주지 못할까 봐

덕적도 표류 3일 차. 눈곱을 떼고 냉장고에서 마지막 남은 막걸리를 꺼냈다. 과천도가 막걸리는 어쩜 이렇게 맛도 있고 속도 편하고 취하지도 않을까 감탄하며 마셨는데, 그 말을 네 번이나 한 걸 보면 취했던 것 같다.

민박집 바닥에 누워 창밖의 하늘을 올려다보았다. 가만있어 보자, 오늘이 화요일이지. 화요일 아침에 하릴없이 누워 하늘이나 보고 있다니. 나는 누구인가, 덕적은 어디인가? 생계와 자기계발의 저편에서 낮술과 멍 때림의 이편으로 불현듯 넘어와 있었다. 이 무위도식을 어떻게 더 격렬하게 누려볼까? 그래, 바다! 바다에 가야겠다! 한량의 화룡점정은 바다가

찍어줄 것이다. 주섬주섬 옷가지와 주전부리를 챙겨 바다로 향했다.

민박집에서 곧장 난 길을 따라 이내 해변에 도착했다. 새파란 바다가 끝도 없이 펼쳐져 있었다. 가슴이 쿵쾅거렸다. 비치 타올을 깔고 모래사장에 자리를 잡았다. 구름도 뱃길까지 막은 체면은 있는지, 기분 좋은 그늘을 내주었다. 맥주와 과자를 늘어놓고 본격적으로 세월을 누렸다. 한적한 해변에 누워 수평선과 무인도, 부서지는 파도를 바라보고 있자니 호젓한 기분이 들었다.

헤엄치고 웃고 떠들고 멍 때리길 여러 번. 멤버들이 하나둘 오가고 맥주가 거의 떨어질 때쯤, 해변엔 나와 서희만 남아 있었다. 어색했다. 정적이 부담스러웠던 나는 속으로 말을 골랐다. 이곳에서만큼은 진심만 얘기하고 싶었다. 최근 읽은 책이 떠오른 나는 불쑥 말했다.

"서희, 당신이 행복했으면 좋겠어요."

책에 따르면 지금 이 자리에서 쉽게 행복해지는 방법 중 하나가 눈앞에 있는 사람의 행복을 빌어주는 것이란다. 아는 사람이든 모르는 사람이든, 그의 행복을 진심으로 기도하는 것이다. 짧게나마 열과 성을 다해 타인의 행복을 빌어주면 신기하게도 마음이 벅차오르며 나도 덩달아 행복해진다고 한다.

바다에 취해 행복했던 나는 조금 더 행복해지고 싶어 눈앞의 서희의 행복을 빌었다. 뜬금없는 고백을 들은 서희는 갑자기 무슨 소리냐며 배시시 웃었다. 그리고 다음 날, 헤어지며 쓴 롤링페이퍼에서 서희는 그 말을 내게 돌려주었다.

"명해, 당신이 진심으로 행복했으면 좋겠어요."

툭, 눈물이 났다. 내가 건넨 말이었지만 그 말이 참 낯설게 느껴졌다.

나의 오래된 두려움

나는 오래도록 두려웠다. 타인의 행복을 진심으로 바라지 못할까 봐. 시기와 질투는 내 오랜 난제였다.

나는 참 열심히 살았다. 열심히 공부했고, 시험을 치렀고, 스펙을 쌓았고, 직장을 다녔다. 열심은 관성이 되어 일상에 스며들었다. 왜 그렇게 열심히 살았을까. 떠오르는 이미지가 있다. 저마다 바쁘게 앞으로 걸어가는 사람들과 그 속에서 부지런히 발맞춰 걷는 나. 순간 발을 헛디뎌 고꾸라진다. 그런

나를 두고 앞으로, 앞으로 나아가는 사람들. 그리고 뒤로, 뒤로 처지는 나. 가까스레 몸을 추스른 나는 주위를 두리번거리며 다시 일어나 열심히 걷는다. 그 길이 어디로 난 길인지도 모른 채 그저 뒤처지지 않기 위해 걸었다.

그렇게 열심히 발맞춰 걸은 결과라야 지금의, 아주 보통의 내가 된 것뿐이었다. 가끔 공허했고 자주 불안했다. 어디서부터 시작된 불안인지도 모른 채 끝없이 혼자만의 경쟁을 이어갔다. 경쟁이 일상화된 많은 순간, 나는 스스로를 감시하는 착실한 관리자로 삶에 복무했다. 나의 불안은 열심을 부추기는 걸로도 모자라 나보다 더 열심히 걸어 나를 추월한 이들로 향했다. 그때부터였다. 타인의 행복을 진심으로 축하하고 빌어주지 못했던 것이.

가까운 이가 무언가를 성취하면 축하의 마음과 함께 불쑥 불안이 올라왔다. 뒤처지고 있는 게 아닐까 조급해졌다. 남들만큼 부지런히 성취하지 못한 나 자신에 대한 책망과 열등감, 좌절감이 들었다. 치졸하게 남을 살피고 나와 줄 세우는 옹졸한 내 마음을 알았다. 그 부끄러운 마음을 들키지나 않을까 늘 전전긍긍했다.

어쩔 줄 모르는 불안에 그저 열심히 살아왔건만 그 열심의 결과가 고작 부끄러움이라니. 사랑하는 이들의 행복을 함께 기뻐하고 마음껏 축하해 주지 못하는 내가 어딘가 망가진 것 같았다. 망가져버린 마음을 붙잡고서 나는 나를 사랑하지도, 맘 놓고 미워하지도 못한 채 키만 큰 어른이 되었다.

내 오랜 질투와 불안은 과연 나만의 문제일까. 학교에서는 오늘의 친구가 내일의 경쟁자가 되도록 부추기고, 아이들은 줄 세우기식 공교육을 받으며 경쟁을 내면화한다. 만연한 경쟁 속 협력하고 연대하는 공동체 감각을 배우지 못하고 오로지 자신의 능력으로 살아남아야 한다는 처절한 생존 본능을 학습한다. 능력주의를 신봉하며 스스로를 착취한다.

사회적 안전망이 해체된 사회의 청년들은 한 번의 실패로 모든 것을 잃고 추락할 것이라는 환영에 시달린다. 생애 전반에 과도한 불안이 일상화된다. 불안한 시선은 밖으로 향해 타인을 표적으로 삼는다. 나르시시즘과 과시, 자기 검열과 자기비하를 오가며 개인의 결함으로 경쟁 사회를 정당화한다.

그런 내게 덕적도의 대화는 구원이었다. 나도 누군가의 행복을 바라줄 수 있구나. 이 작은 진심으로 나도 쉽게 행복해질 수 있구나. 오고가는 근사한 격려에 얼떨떨했다. 시기와 질투 대신 호젓한 감사를 전하는 나와 그에게 존경심이 들었다. 이렇게 조금씩 서로를 응원하다 보면 내 오랜 부끄러움에서 자유로워질 수 있지 않을까? 서로를 응원하는 '우리'의 감각이 낯설지만 참 든든하게 와닿았다. 그 작은 마음이 내게는 가능성을 보여주는 희망이었다.

덕적도 여행에 함께한 18명의 여자들.

"송미야, 너 방금 정말 멋있었어. 18명 사이에서 어떻게 그렇게 김송미스럽게 앉아 있을 수가 있어? 부럽다. 나도 그런 고독한 눈빛을 갖고 싶어."

낯간지러워 괴성을 지르는 송미를 붙잡고 꿋꿋이 말했다. 너의 멋짐을 발견하고 인정하고 이야기할 수 있어서 너무 기쁘다고, 내 삶에 좋은 본보기가 되어주어 고맙다고. 나만의 길을 느긋하게 걸어보자 마음먹으니, 내 마음엔 미움보다는 우정이, 질투보다는 존경이 퐁퐁 피어났다.

질투, 시기, 경쟁, 기쁨, 축하, 격려. 세상에 나쁜 마음은 없다. 질투와 경쟁이 완전히 제거된, 표백된 선의보다 이제는 내가 가진 이 복잡한 감정을 돌보며 살고 싶다. 건강한 자극과 질투는 한 끗 차이라 여기며 내 곁의 멋진 동료들을 바라본다. 그들 덕분에 나의 고유한 욕망을 발견한다. 건강한 시기심을 담아 서로의 성장을 진심으로 응원한다.

그 여름 덕적도에서 우리는 섬이 떠나가라 오래도록 함께 웃었다. 같이 행복할 수 있는 동료들이 곁에 있다는 사실이 조금 얼떨떨하고 많이 기뻤다. 빨갛게 봉숭아 물을 들인 손톱도 훌쩍 자라 있었다.

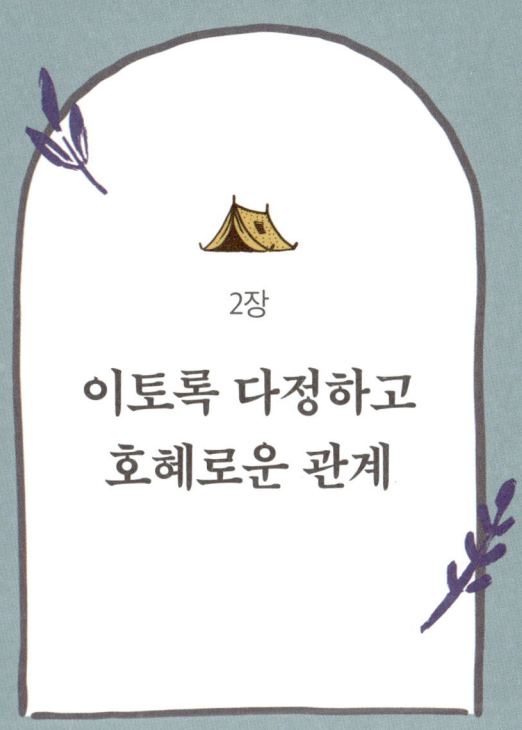

2장

이토록 다정하고 호혜로운 관계

"널 보자마자 위대한 모험이
시작될 거라는 걸 알았어
(*As soon as I saw you,
I knew a grand adventure was about to happen.*)."
— A. A. 밀른, 『곰돌이 푸(*Winnie the Pooh*)』, 그레이프바인인디아, 2022

지영

새로운 우정의 발명

또 보고 싶다는 마음

거창하게 모험을 함께할 동료를 찾는다고 써 붙이긴 했지만, 그때까지만 해도 일이 이렇게 커질 줄 몰랐다. 그러나 덕적도 여행에서 촉발된 '그 여자들'과의 인연은 자연에서 같이 뒹굴 여자 친구들을 찾고 싶다는 우리의 천진했던 꿈이 더 큰 곳을 바라보게 된 기점이 되었다.

덕적도에서 표류했던 날이 꿈같았던 우리는 다시 모이기로 했다. 계절이 채 바뀌기 전, 단풍이 더 깊어진 가을의 어느 날이었다. 지리산에 살고 있는 아라를 거점으로, 트레킹도 할 겸 만나자는 제안에 또 한 번 '그 여자들'이 배낭을 메고 나타났다. 덕적도 멤버들과 각자의 아웃도어 친구들, 그리고 이렇게 모험을 함께 즐길 동료를 오랫동안 바라왔다는 순천의 수향@vanlifekorea이 자신이 직접 만든 캠핑카를 끌고 합류했다.

지리산 둘레길을 걷고 난 저녁에 황금빛으로 익어가는 논이 창문으로 가득 담기는 아름다운 한옥에서 따끈한 구들장에 각기 널브러져 뒹굴거렸다. 그렇게 이야기로 까만 밤이 무르익을 즈음에, 선진이 이런 말을 했다.

"자신의 인생을 주체적으로 모험하는 여자들을 한자리에서 만난 건 태어나서 처음이야. 그때 받은 영감과 자극이 내 일상을 바꿨어."

누구보다 열심히 살아온 그 친구가 그런 말을 했을 때 정말 놀랐다. 몇 번이나 되물었다.

"태어나서 처음이라고? 정말?"

자신의 최선은 주어진 틀 안에서의 열심이었던 것 같다던 선진은 그 틀을 깰 용기를 줘서 고맙다고 했다. 생각할수록 놀라운 일이었다. 단발성으로 그칠 줄 알았던 만남이었다. 그러나 이미 그 가을이 채 지나기도 전에 우리는 지리산에서 다시 만나지 않았던가. 생면부지의 여자들 18명이 섬에 갇혀 3박 4일간 동고동락한 결과 남은 것은 예상치 못한 끈끈함이었다.

우리는 벌써 서로를 자연스럽게 이름으로 불렀고, 평어와 존댓말 중에 어떤 것을 쓸 것인지에 대한 토론을 이어나갔다. 어떤 방식으로든 계속해서 인연을 이어나갈 것이라는 생각이 우리 사이에서는 이미 공유되었던 것 같다. 그렇게 커뮤니티는 '자생적으로' 시작되고 있었다.

우리에게 더 많은 친구가 필요할까?

그 여행을 마치고 돌아오는 길, 각자의 경로에 따라 자연스럽게 흩어지고 나니 하늬와 나만 남았다. 우리는 서울로 올라가는 기차를 기다리며 많은 이야기를 나누었다.

나는 항상 큰 기쁨 앞에서 그것을 잃을 날의 슬픔을 미리 걱정하곤 하는 버릇이 있다. 우리의 만남과 인연이 나에게는 너무 마법 같아서 '이것이 계속되지 않으면 어떡하지?' 하는 두려움이 스쳤다.

그리고 더 깊은 고민이 이어졌다. 나는 과연 얼마나 많은 사람들을 이런 밀도로 내 삶에 받아들일 수 있을까? 앞으로 만날 사람들과도 계속 이렇게 면대면으로, 일대일로, 끈끈한 관계를 맺는 게 가능할까? 나중에는 진실하지 못한 마음으로 관계를 맺지는 않을까 두렵기도 했다. 그리고 그때부터 시작된 고민은 꼬리에 꼬리를 물고 이어졌다.

친구는 이미 충분하다고 생각했다. 다만, 더 넓은 연대와 안전망을 바라왔던 것일지도 모른다. 우리에겐 어쩌면 새로운 우정이 필요한 것이 아닐까. 덕적도에서도, 지리산에서도 그저 누군가가 한마디 제안했을 뿐인데 이렇게 진심인 여자 친구들이 나타났다면, 이런 동료들이 필요한 여자들과의 커뮤니티가 또 다른 누군가에게도 필요한 건 아닐까? 제주도 캠핑카 여행에서 장난처럼 던졌던 말이 점점 더 묵직하게 형태를 갖추어 내 삶에 끼어든 순간이었다.

'더 많은 여자 친구들이 일상을 깨는 모험의 첫 발걸음을 함께하고 싶다.'

선진의 말을 되새기며 이렇게 다짐했다. 모두에게 똑같이 친구가 되어줄 수는 없을지도 모른다. 그리고 어쩌면 그들에게 필요한 것 역시 단순한 친구는 아닐 것이고 우리가 할 수 있는 것 역시 모험을 시작하는 첫 발걸음을 함께하는 것까지인지도 모른다. 하지만 분명하게 바라는 건 있다. 각자의 이름으로, 각자의 속도로, 삶의 모험에 용감하게 뛰어드는 여자들이 내 주변에 더 많아졌으면 좋겠다는 것이다.

그때 어렴풋이 깨달았던 듯하다. 나에게 꼭 맞는 세계가 없다면, 직접 만들면 된다. 용기 내어 세상에 먼저 외치면 누군가는 응답할 것이다. 누군가 미리 정해놓은 세상에서는 결코 만날 수 없었던 방식의 관계, 우리는 지금 그런 관계에 이름을 붙이고 있었다. 새로운 우정의 발명이었다.

지영

멤버십 서비스를 한다고?

각기 다른 대륙에서 꿈으로 연결되다

지리산 모임 이후 나, 하늬, 명해 우리 셋은 '모험하는 여성들을 위한 아웃도어 커뮤니티'를 만들어가자는 데 새롭게 뜻을 모았다. 이유는 각기 조금씩 달랐다. 서로 다른 삶을 살아오다가 WBC를 통해 서로에게 단단히 코가 꿰었는데, 신기하게도 만들어가고 싶은 미래의 모습이 비슷했다. 그건 지금까지도 여전한데, 그런 셋이 만났다는 것이 나는 늘 신기하고 기적 같다.

덕적도, 지리산 모임에 이어 계절은 겨울로 넘어가고 있었다. 하늬는 긴 서울 체류 끝에 LA로 돌아갔고, 명해는 휴직 후 오랫동안 꿈꿔온 세계여행을 떠났다. 겉으로만 보면 무언가 새로운 일을 도모할 사람들 같지 않은 행보였다. 하지만 우리는 그 시기에 다 같이 WBC에 미쳐 있었다. 각자의 삶에 굉장히 중요한 시간을 지나고 있으면서도, 우리가 만들어갈 WBC의 모습을 구체화하고 형태를 만들어가기 위해 아낌없이 시간과 마음을 쏟아부었다.

우리는 먼저, 우리가 만들고 싶은 WBC를 정의하기 시작했다. 더 많은 여성을 모험의 세계로 초대하고 싶다는 꿈에 심장이 두근두근했다는 것 말고는 서로에 대해서는 잘 알지도 못한 채 연결된 사이였지만, 우리는 그 감각을 믿고 우리가 꿈꾸는 커뮤니티의 구체적인 형태를 함께 그려나갔다. 매주 두 번, 회의 때마다 몇 시간이 순식간에 사라졌다. 그렇게 많고 많은 이야기를 거쳐서 우리가 처음으로 만들어낸 정의는 단 한 줄이었다.

Q. WBC는 어떤 커뮤니티인가?
모험하는 여자들을 위한 아웃도어 커뮤니티.

그다음으로는 이 질문이 자연스레 떠올랐다.

Q. 우리는 어떤 경험을 만들고 나누고 싶은가?

　자연 속에서 나를 마주하고, 몸으로 연대한다.

　여성들 안의 야성을 일깨우는 모험의 첫발을 함께한다.

이미 우리 마음속에 있었지만 말로는 다 담지 못했던 우리의 꿈이, 이 두 개의 문장으로 정리되었다. 그 순간, 우리 셋 사이에는 공통의 기둥이 세워졌다. 그리고 그 기둥이 세워지고 나니, 다른 많은 것들이 놀랄 만큼 빠르게 움직이며 살을 붙여 나가기 시작했다. 불과 2년 전만 해도 서로의 존재조차 몰랐던 우리들이, 이 하나의 꿈으로 연결되었다. 그렇게 노션 페이지에 WBC를 소개하기 위해 쓴 문장들은 이렇다.

- 자연 속에 오롯이 존재하는 경험을 통해 내면의 건강함을 찾는 시간을 여성들에게 선물합니다.
- 자연을 위해 불편함을 감수하는 즐거움을 공유하고 여성들의 모험심을 이끌어냅니다.
- 사회적으로 재단된 방식으로 기대되는 역할을 수행하는 것이 아니라 서로의 내면에 숨겨진 야성을 일깨우고 모험을 함께하는 끈끈한 동료를 만날 수 있습니다.

나를 제대로 마주하고 싶어서

지금까지도 우리가 공유하는 핵심 경험을 관통하는 말이 대부분 이때 나왔다. 각자 다른 삶을 살아왔지만, 이 말들 앞에서 모두 고개를 끄덕였다. 무엇보다도 중요한 건, '나'를 진실하게 마주하는 일이다. 자연 속에서는 이 일이 어쩐지 더 수월하게 느껴진다.

껍데기 없이, 몸으로 교감하는 자연 속의 시간은 사람의 마음을 천천히, 그러나 확실하게 열어낸다. 그래서인지 자연 속에서의 만남은 짧더라도 오래 남는다. 그때는 몰랐지만 이것은 WBC가 커리어, 자기계발 같은 구체적 목적성을 가진 커뮤니티와는 다른 결을 지닌 중요한 이유 중 하나였다.

커뮤니티를 어떤 형태로 만들까? 다양한 논의 끝에 '멤버십'이란 형태를 우선 시도해 보기로 했다. 우리를 하나로 묶어줄 장치가 되지 않을까 생각하며. 모든 건 이름 짓기에서 시작된다.

멤버십 운영을 결정한 이후, WBC에 온 여자들을 무엇이라 부를지부터 다시 논의를 시작했다. 이번에도 만장일치로 채택된 이름은 '와일드우먼'. 야생에서 야성을 일깨우는 여성들의 모습을 떠올리게 하는, 우리를 벌써부터 설레게 만드는 이름이었다. 소개 페이지를 가다듬고, 멤버십 기간의 활동 내용도 한참의 논의를 거쳐 정리했다. 그렇게 우리가 함께 꾼 꿈은 세상에 모습을 드러낼 준비를 마쳤다.

첫 멤버십을 오픈하던 즈음에는 우리의 시차가 모두 달랐다. 태국의 작은 섬에서 머물며 새벽부터 아침까지 내리 요가를 마치고 온 나는 방으로 돌아와 줌을 켜고 동료들과 얼굴을 마주했다. 잔지바르에서 카이트서핑을 하고 이동 중인 명해와 LA에서 하루 먼저 생일을 맞은 하늬. 우리는 두근거리는 마음으로 'WBC 와일드우먼 멤버십' 모집 포스팅을 올렸다. 모집 글에 이런 말을 인용했다.

"떠올릴 때마다 약간 두렵고 긴장되고 떨리는 일, 그게 바로 당신이 원하는 것이다. '와, 잘하면 완전히 인생을 망칠 수도 있겠는걸!' 하는 일이 바로 당신이 찾아 헤매던 모험이다."
— 팀 페리스, 『타이탄의 도구들』 토네이도, 2024, 167쪽

조금은 설레던 시작. 그때는 몰랐다. 이 일이, 이 커뮤니티가 우리 삶에 이렇게 깊숙이 들어올 줄은. 그리고 이 문장을 보고 심장이 두근거려 이끌리듯 들어온 또 다른 얼굴들과 정말이지 이토록 멋진 모험을 하게 될 줄은.

지영

모험의 시작! 모험 체크인

동료들에게 내 뒤를 맡긴다는 것

3개월 동안의 첫 멤버십을 어떤 경험으로 채울까? 고민에 고민을 거듭했다. 우리에겐 어떤 본보기도 없었으니까. 여러 논의 끝에 매달 한 번 온라인으로 만나 서로의 모험 버킷리스트를 나누고 응원하는 시간을 마련하고, 비정기적인 백패킹 밋업과 매월 특별한 콘셉트를 담은 오프라인 밋업을 기획하기로 했다. 이와 더불어, 모험을 시작하는 데 필요한 맞춤 정보를 담은 '모험 위키'도 야심차게 오픈했다.

특히 멤버들을 오프라인에서 처음 만나는 자리를 우리는

'모험 체크인'이라 이름 붙였다. 이름처럼 그 순간이 새로운 모험의 출발점이 되길 바라는 마음이었다.

그런데 멤버십 오픈은 물론 시작 직전까지도 우리 셋은 모두 해외에 있었다. 첫 오프라인 밋업 때만큼이라도 누군가는 한국에 있어야 했다. 당시 태국에 머물며 요가 수련을 하고 있었던 나는 LA에 있는 하늬, 세계여행 중이던 명해를 대신해 밋업 날짜에 맞춰 서둘러 한국으로 돌아왔.

첫 만남인 만큼 오래도록 기억에 남을 좋은 장소를 고르고 싶었다. 그러다가 문득 떠오른 곳이 있었다. 지난 연말, 혼자 마음을 정리하러 다녀온 전주 '모악산의 아침'이었다. 탁 트인 잔디 마당에서는 모악산의 평화로운 풍경이 가득 보이고 햇살이 가득 쏟아져 들어오는 높은 창으로는 대나무 숲이 넘실댔다. 무엇보다 환경과 제로웨이스트란 가치를 지켜가며 집을 정성스레 꾸려가는 호스트 모아@moa_road의 따뜻한 환대가 인상 깊었다. 집 앞에는 잔디 마당이 넓게 펼쳐져 있어 텐트를 치기도 좋아 보였다. 언젠가 꼭 다시 오고 싶다고 마음속에 간직했던 그곳. 지금이 바로 그때였다.

멤버십 론칭 후 첫 오프라인 밋업이었다. 설렘과 긴장 속에 간단히 오리엔테이션을 마치고 모악산 편백나무 숲으로 향했다. 우리는 WBC 행사를 기획하며 몸을 움직이는 활동을 앞에 배치하기로 했다. 통상적으로 새로운 사람들을 만날 때는 '안녕하세요, 저는 누구고 무슨 일하는 사람이고……' 이런 말로 소통을 시작하는 방식이 흔하다. 하지만 WBC에서는 나이, 직업 같은 것들과 별개로 그냥 '나'라는 존재로 만나려고 노력한다. 그때 가장 효과적인 방법이 몸으로 만나는 것이다. 만나서 몸으로 부딪히고 놀면 자연스럽게 교감할 수 있기에 소통을 대하는 태도와 깊이 자체가 달라진다.

모악산으로 오르는 길에 파쿠르 코치인 나예@_movenymove의 즉석 클래스가 시작됐다. 바위와 벤치를 넘나드는 순간순간이 모험이었다. 이 자리에서 '트러스트 폴링'이라는 우리의 시그니처 세리머니도 처음 시작됐다. 트러스트 폴링이란, 말 그대로 내 뒤의 사람들이 나를 든든하게 받쳐줄 것이라고 믿고 뒤로 풀썩 넘어지는 것이다. 높지 않은 곳이어도 시야가 닿지 않는 반대 방향을 향해 뒤통수를 내리꽂는 데는 의외로 큰 용기가 필요했다.

퍼스트 펭귄을 자처한 서희가 먼저 뛰어들었고, 모두가 양팔을 단단히 맞대어 그녀를 안전하게 받아냈다. 그 모습을 본 이들이 하나둘 용기를 내어 올라섰고, 점점 더 자신 있게 몸을 맡겼다. 그렇게 우리는 서로에 대한 신뢰를 나눠 가졌다.

WBC 멤버십을 통해 백패킹에 처음 입문하는 멤버들을 위한 백패킹 강의와 텐트 피칭 실습 후에는, 저녁을 먹고 캠프파이어에 둘러앉아 오래오래 이야기를 나누었다. 모두가 서로를 처음 만난 자리라는 것이 무색할 만큼 자연스럽게 대화가 이어졌다.

하룻밤을 함께한 다음 날 마지막으로 남은 프로그램은 플리마켓이었다. 우리는 이 자리를 '와일드우먼들의 장터', 줄여서 '와우장'이라 부르기로 했다. 단순한 물건 교환을 넘어 각자의 재능도 나누자는 아이디어가 즉석에서 더해졌다. 멤버들은 자신이 사는 지역을 소개하며 투어를 약속하고, 악기 연주, 언어 교환, 일과 관련된 노하우 등 다양한 재능을 서로에게 열어 보였다. 그렇게 '와우장'이라는 WBC의 새로운 전통이 자연스럽게 생겨났다.

살아 있는 동안은 진짜처럼 살기를

모험체크인 이후로는 매달 각자의 방식으로 모험을 해나가는 여자들과 함께하는 '시즌 밋업'을 열었다. 국내에 몇 안 되는 여성 파쿠르 코치인 나예와 함께한 도심 속 파쿠르 워크숍, 산을 달리는 트레일 러너 옆에서 커다란 카메라를 메고 함께 오르내리며 촬영하는 푸르나와의 아웃도어 프로필 챌린지, 그리고 지리산에서 만난 수향의 캠핑카 밴라이프 밋업까지. 사심 가득 담아 초대한 이 멋진 여성들은 흔쾌하고도 기꺼이 자신들의 삶을 나누어주었다.

마지막 밋업을 맡아준 수향은 직접 개조한 캠핑카를 타고 4년 넘게 전국을 여행하며 지역에서 사업을 꾸려가고 있었다. 움직이는 집인 캠핑카는 나의 오랜 로망이었는데 이런 로망을 가진 이가 나뿐만은 아니었던지, 포스팅을 올리자마자 자리가 다 차서 같은 밋업을 한 차례 더 열기도 했다.

기다리던 밋업 당일, 순천역 앞에 배낭을 멘 5명의 여자들이 모였고, 능숙하게 캠핑카를 운전해 등장한 수향이 우리 앞에 멈춰 섰다. 캠핑카의 뒷공간에는 수향의 보금자리가 아늑하게 꾸며져 있었고, 지붕 위에는 4명이 누워 잘 수 있는 루프톱 텐트가 실려 있었다. 우리는 설레는 마음으로 캠핑카에 올라탔다. 각자의 밴라이프 로망을 담은 플레이리스트가 스피커에서 흘러나왔다. 노랫소리와 함께 우리는 도시를 빠져나가 숲으로 향했다.

꽤 큰 덩치의 캠핑카는 여자 여섯을 싣고도 산중턱까지 가뿐하게 올라갔다. 수향이 자주 정박하는 이모의 텃밭이 그날 우리의 베이스캠프가 되었다. 직접 만든 캠핑 사이트에 손수 준비한 저녁이 차려졌다. 마트 대신 텃밭에서 구해 온 방풍나물과 고수로 밥을 짓고, 숲에서 주운 나뭇가지로 불을 피웠다. 자급자족의 기쁨은 마음까지 든든하게 채워줬다. 이것은 그저 체험이 아닌 수향의 실제 삶이었고, 그날 하루만큼은 우리 모두의 삶이기도 했다. 밴라이프를 오랫동안 꿈꿔왔던 나를 포함해 모든 참가자들이 그날 하루만큼은 진짜 로망을 살았다.

저녁이 되자, 캠핑카를 벽 삼아 타프를 치고 옹기종기 모여 장작불 앞에 앉았다. 어둠 속에서 타오르는 불빛. 그 앞에서 나눈 대화는 언제나 그렇듯 빠르게 깊어졌다. 수향은 자신이 캠핑카를 만들게 된 과정, 캠핑카에서 살며 여행하는 삶, 로컬에서 일하며 삶을 설계해 가는 방식에 대해 차분히 풀어놓았다. 마지막 슬라이드에는 이런 문장이 적혀 있었다.

인생은 대담한 모험이거나, 그것이 아니라면 아무것도 아니다(*Life is either a daring adventure or nothing.*).
— 헬렌 켈러, 『열린 문(*The Open Door*)』, 더블데이, 1957

1박 2일간 모든 순간이 크고 작은 기쁨으로 가득했지만 나에게 가장 깊이 남은 건 이 문장이었다. 왜 자꾸 '모험'이라는 단어에 끌리는지, 왜 낯선 얼굴들과도 두근거리며 여기까지 왔는지, 그 이유가 너무나 선명해졌기 때문이다. 우리는 진짜로 살고 싶었던 거다. 살아 있는 동안은, 진짜 살아 있는 것처럼 말이다.

책은 얼어붙은 생각을 깨는 도끼여야 한다고 했다. 그렇다면 눈앞의 이 생생한 삶, 이 대화와 연결은 무엇이라 불러야 할까? 캠프파이어 앞에 앉아 밤을 지새운 우리의 이야기는 불꽃 같았다. 그날 새벽까지 이어진 대화는 분명 각자의 마음속에 작은 불씨 하나씩을 심어주었을 것이다. 우리는 언젠가 그 불씨가 희미해지는 날이 오더라도, 서로 꺼지지 않도록 불을 옮겨주기로 했다.

헤어지며 수향이 우리에게 건넨, 밴라이프 생활을 담은 캘린더 엽서에는 이렇게 적혀 있었다.

"당신은 이제 자유의 길로 들어섭니다. 우리, 모험의 길로 함께 떠나요."

지영

우당탕탕, 그래도 좋아하는 것을 나누고 싶어서

새벽의 설경으로 남은 첫 겨울 산행

실험으로 시작했던 멤버십을 한 번 더 이어가기로 했다. 두 번째 시즌 멤버십 프로그램을 기획하던 우리는 이번엔 3명이 각자 자신의 취향이 담긴 백패킹 밋업을 기획하기로 했다. 우리 자신이 가장 좋아하는 자연 속 경험을 선물해 주고 싶은 마음이었다. 하늬는 계곡 캠핑을, 명해는 장거리 트레킹을 준비했다. 곰곰이 생각해 봤다. 나는 무엇을 함께하고 싶은가? 나는 겨울 산을 함께 가고 싶었다.

어떤 용기는 무지에서 나오기도 한다. 산행 초보가 20킬로그램에 육박하는 배낭을 메고 설악산 공룡능선을 넘었던, 나의 첫 겨울 산행은 지금 생각하면 놀라움투성이다. 어쩌면 그렇게 아무것도 모르고 떠났는지. 하지만 몰랐기에 그 모든 것이 얼마나 더 경이롭게 다가왔는지 모른다.

남미 여행 이후 나는 '대자연'에 목말라 있었다. 더 높은 산을 가보고 싶어서 지원했던 오지탐사대 프로그램에는 최종적으로 선발되지 못했지만 덕분에 아웃도어를 '찐하게' 하는 친구들을 가득 얻을 수 있었다. 그들과 한국에서 배낭을 메고 산을 다니기 시작했다.

그러다가 설악산을 간다는 친구들의 훈련 산행에 합류하게 됐다. 믿는 구석은 있었다. 유서 깊은 대학산악부 출신에 SSU(해군해난구조전대)까지 다녀온 영진과 고산 원정을 다녀온 은석, 열정 넘치는 에너자이저 성아까지 함께하니 벌써부터 완주한 기분이었다. 그렇게 든든한 친구들을 믿고 또다시 대책 없이 자연 속으로 걸어 들어갔다. 그러나 실제로 겪어보니 겨울 산의 어려움은 단지 추운 것만이 아니었다. 여러모로 엄청난 대비가 필요한 일이었다.

시작은 그저 즐겁기만 했다. 국립공원의 입구를 통과해 반달곰 앞에서 기념 사진을 찍을 때만 해도 앞으로 다가올 혹독함을 예상하지 못했다. 등산로는 색깔로 난이도가 표시되어 있는데 우리가 선택한 코스는 최고 난이도인 검정색이 가득

했다. 그 악명 높은 공룡능선을 몸의 반만 한 배낭을 메고 넘게 생긴 거다. 걷는 건지 줄을 타는 건지 모르게 가파른 길을 한참 걷기를 10시간이 넘어가자, 더 이상 웃음을 짓기 어려워지는 순간이 찾아왔다.

걸어도 걸어도 끝이 보이지 않았다. 얼굴의 웃음기는 이제 완전히 사라졌다. 어둠은 도시보다 산속에서 빠르고 깊게 세상을 삼킨다. 그날의 잠자리인 중청대피소를 향해 묵묵히 걸었다. 눈 위로 난 발자국을 하나하나 조심스레 포개며 한참을 걸어도 고개를 들어 보면 능선은 까마득히 멀기만 했다. 의지하던 동료들의 등도 더 이상 보이지 않았다. 유일한 빛은 친구들의 헤드랜턴에서 내뿜는 작디작은 빛 한 줄기. 그 빛마저 하나둘 천천히 능선을 넘어 자취를 감추고 있었다.

간밤의 고생은 그다음 날 대피소를 나서서 마주한 빛나는 설원의 아름다움으로 순식간에 보상받았다. 소복한 눈으로 덮인 산 정상은 완전히 다른 세계였다. 새벽 4시의 하늘은 몽환적인 푸른 빛을 온통 내뿜고 있었다. 파란 눈, 무수히 별들이 박힌 하늘이 손 뻗으면 닿을 듯 가깝게 느껴지는 산꼭대기. 부드러운 봉우리에 폭신하게 펼쳐진 눈밭에서 우리 모두는 아이처럼 펄쩍펄쩍 뛰었다. 못내 행복했다. 여름의 초록과는 완전히 다른, 차갑고 푸른 신비가 이전에는 결코 상상해 보지 못한 황홀감으로 내 온몸을 휘감았다. 자연 속을 헤매며

분투한 시간만큼 이 생경한 풍경은 경외로 다가왔다.

그것이 내가 처음으로 경험한 설산이었다. 그곳에서 경험했던 푸른 신비를, 그 경이로운 순간을 다시 한번, '함께' 만나고 싶었다.

그 순간을 받아들이는 마음

이번에는 WBC에 온 여자들과 함께 겨울의 산을 느낄 시간. 예전의 나와 같이 해맑은 얼굴을 한 설산 초보들과 또 다른 겨울 산에서 만났다. 우리의 첫 설산 코스는 한국에서 네 번째로 높지만 케이블카가 있어서 초보자도 오르기 쉬운 덕유산으로 정했다.

긴장과 설렘이 뒤얽힌 채로 우리는 처음 서로를 마주했다. 하지만 양손에 등산 스틱을 쥔 채로 덕유산 정상에서 사진을 찍을 때까지도 눈은 전혀 내리지 않았다. 멤버들은 아쉬운 내색 없이 명랑하게 함께 산행을 했지만, 설산의 아름다운 풍경을 너무나 보여주고 싶었던 나는 못내 아쉬워 쉽게 바뀌지 않을 것을 알면서도 일기예보 화면을 계속 새로고침했다.

그런데, 우리의 바람이 하늘에 통했을까? 정상에서 대피소로 가는 길에 사락사락 눈이 내리기 시작했다. 그것도 아주

큼직한 함박눈이. 갈색의 흙바닥이 포근한 흰 길로 점점 변해 가기 시작했다. 산에서 걷는 동안 눈을 맞는 것은 나 또한 처음이었다. 우리는 길에 멈춰 서서 내리는 눈을 한껏 즐겼다.

물론 눈꽃 가득한 겨울 산의 풍경이 되려면 한참 더 눈이 쌓여야 했다. 그런데, 어떤 상황에서도 즐겁고 명랑하게 함께 걷는 친구들의 모습을 보자니, 나만의 아쉬움은 그만 털어버려도 될 것 같았다.

눈을 맞으며 대피소에 도착한 우리는 밤늦게까지 이야기를 나누고 잠들었지만 아무리 피곤해도 일출은 놓칠 수 없다며 모두 부스스한 얼굴로 일어나 새롭게 떠오르는 해를 기다렸다. 두꺼운 패딩을 입고 침낭은 온몸에 똘똘 감고도 모자라 서로의 몸에 몸을 붙이고 펭귄처럼 옹기종기 모여 선 채로 오래 산 너머 풍경을 바라보았다.

그때 알게 되었다. 풍경이나 장소보다 더 중요한 건, 그 순간을 받아들이는 마음이라는 것을. 설산을 보고 싶은데 눈이 안 올 수도 있고, 별을 보러 가는데 바람이 폭풍같이 불 수도 있다. 하늘과 날씨는 우리가 어찌할 수 없는 영역의 것이니까. 그렇기에 결국 중요한 건 어떤 상황이든 그 나름으로 받아들이고 즐길 수 있는 마음이라는 걸 배웠다. 무엇보다 그런 유연하고 긍정적인 마음을 가진 사람들과 함께하는 것 자체가 완벽한 풍경보다 훨씬 더 깊고 오래 남는 행복을 만든다는 것을 깨달았다.

내가 경험한 좋은 것을 나누고 싶다는 마음으로 시작했지만 WBC를 꾸려 가며 자연에서, 사람들에게서 내가 도리어 더 많은 것을 받고 있다. 내가 선택한 하나의 우연은 또 다른 가슴 뛰는 우연으로 연결되었고, 그 만남은 지금도 계속 내 일상 안으로 들어오고 있다. 언제라도 보고 싶은 건강한 사람들로 주변이 차면서, 행복의 평균 선은 조금씩 높아졌다. 종종 그래프가 하늘을 찌를 듯 솟는 날은 역시 대화가 통하는 사람들과 유연한 마음으로 자연을 함께 즐기는 순간이었다.

삶의 진지한 고민을 나눌 수 있으면서도, 불확실한 상황도 유쾌하게 받아들이는 용감하고 건강한 여자 친구들이 점차 모여들고 있다. 그리고 그것이 내 행복의 새로운 원천이 되고 있다. 이 행복을 지속 가능하게 만들고 싶다는 욕심이, 게으르고 싶었던 나를 자꾸만 부지런하게 만든다.

하늬

그게 내가 될 수 있다는 감각

행운의 여신은 늘 나와 함께?

WBC를 시작하고 수많은 이들과 자연에서 어울리며 나는 점점 더 강해졌다. 새로운 모험을 하고 싶을 때마다 같이 떠날 친구들이 생기니, 자연 속에서 뒹굴 기회가 점점 늘었다. 그렇지만 WBC를 시작하고 나에게 가장 강렬한 인상을 남긴 기억은 나의 약함과 마주했던 순간이었다.

안전과민증이 있는 남편에게 "정신이 몸을 지배하는 거야"라고 핀잔을 줄 정도로 몸에 자신 있었기에, 높은 산을 수없이 오르면서도 고산병 한 번 걸리지 않았다. 그래서 미리 겁을 먹거나 일어날 확률이 낮은 위험까지 대비하는 것은 나약하다고 생각했다. 직접 부딪히면 내 몸이 어떻게든 하리라는 믿음이 있었다.

그런 내가 된통 당한 여행이 있었으니, 개인적으로 간 여행도 아니고 무려 LA에서 연 WBC 공식 첫 해외 백패킹 밋업이었다!

시작은 좋았다. LA에 살면서 좋다고 말로만 듣던 빅 파인 레이크에 가기로 하고 한없이 설렜다. 세계 3대 트레일 중에 하나인 존 뮤어 트레일 구간의 일부이기도 하고, 정상에는 빙하가 만든 아름다운 호수가 7개나 있는 곳으로 유명한 곳이었다. 물이 항상 차가워서 호수 수영을 하기엔 여름인 7~8월이 적기였다.

구글에서 제일 아름답게 나온 사진 한 장을 골라, 호기롭게 날짜를 적어 포스팅을 올렸다. 산에서 하룻밤 잘 수 있는 '오버나이트 퍼미트(overnight permit)'도 없었는데 말이다. 미국 국립공원과 국유림은 자연보호를 위해 꽤 엄격하게 관리하는 편이라, 백패킹을 하려면 허가증이 필수다. 인기 있는 트레일이라 당연히 이미 오래전에 허가증은 동이 났고, 입산 2주 전에 선착순으로 몇 개만 풀리는 허가증을 노려야 했다. 왠지 될 것 같았다. 나에게는 행운의 여신이 항상 함께하니까! 수강 신청하듯이 초 단위로 연습했고, 이렇게 하는 사람은 한국

인밖에 없을 거라 자부하며 새벽 6시부터 일어나 손가락 체조를 하고 오전 7시에 허가증 8장을 예약하는 데 성공했다.

대부분 백패킹이 처음인 사람들이라 산에서 2박은 무리겠다 싶어, 첫째 날은 출발점 근처의 캠핑장을 잡았다. 원래는 더 아래쪽에 있는 장소를 잡았는데, 출발 사흘 전에 혹시나 하고 사이트에 들어가봤더니 공간도 더 넓고 가까운 곳을 우연히 누가 취소해서 빠르게 장소를 바꿨다. 모든 준비가 완벽했다. 온 우주의 좋은 기운이 나에게 힘을 주었다.

고통의 9시간

LA 백패킹 밋업 멤버는 총 8명이었다. 세계여행 중이었던 명해가 LA로 와서 함께 추진할 수 있었다. 우리 둘을 제외하고 LA에 거주하는 사람 3명, 샌디에이고에서 온 사람 1명, 시카고에서 온 사람 1명, 한국에서 온 사람 1명이 처음 보는 대자연의 광경에 힘입어 금세 친해졌다. 첫째 날은 쉬엄쉬엄 캠핑을 즐기고, 둘째 날 아침에는 상쾌한 새소리를 들으며 기대에 찬 마음으로 잠에서 깼다. 누룽지와 밑반찬으로 배를 채우니 뭐든 할 수 있을 것만 같았다.

'꼭 필요한 것'을 기준으로 짐을 다시 분류하고 각자 가방을 쌌다. 8명 중 반은 자기 몸보다 큰 가방을 처음 메어보고는 "악" 소리를 냈다. 10킬로그램 넘는 배낭을 메고 걷는다고 미리 공지했지만, 직접 지고 걸어보지 않으면 그 무게를 가늠하기가 쉽지 않다. 뭐든 직접 해보지 않으면 모른다.

일단 시작했으니, 이제는 자신과의 싸움이었다. 솔직히 나는 내 속도대로 올라가 빨리 호수에 도착해 놀고 싶었다. 선두 그룹은 이미 저만큼 앞서가 보이지 않은 지 오래였다. 하지만 내가 가이드였다. 가장 마지막에 올라오는 멤버를 응원하며 제일 뒤에서 상황을 살피며 가야 했다. 후방 그룹은 걷는 시간만큼 쉬어야 했다. 어느 정도 도착 시간을 맞추려고 재촉하기도 하고, 저만큼만 더 가서 쉬자고 어르기도 했다. 양을 치는 목동이 된 느낌이었다.

내 지인이기도 한, 가장 힘들어한 멤버는 심장이 너무 빨리 뛰고 점점 조여 오는 데다 속은 계속 메슥거린다고 했다. 2,400미터 고도 이상에서 저산소증이 생길 때 발생하는 고산병이 시작된 것이다. 이 친구는 직업이 간호사라 온갖 가능한 시나리오를 농담 삼아 늘어놨다. 그 말을 듣던 나는 정말 무슨 일이라도 나면 어쩌나 싶어 머리가 하얘졌다.

그때부터는 '안전하게 모두가 완주하는 것'이 최우선 목표가 되었다. 풍경을 즐기고 감탄하며 산에 올라 여유롭게 호수 수영을 즐기는 상상은 사라진 지 오래였다. 정상까지 12킬로미터 거리에 4시간을 예상했는데, 9시간이 걸렸다. 이렇게 오래 걸릴 줄은 꿈에도 몰랐다. 내 체력을 기준으로 봤을 땐 이해할 수 없는 상황이 펼쳐진 것이다. 모든 걸 내 기준으로 생각하면 안 되는 거였다. 본래 등산하던 속도보다 느려지니 나 역시도 점점 지쳐갔다.

산이 몸에 새겨준 가르침

해발 3,350미터 지점에 1, 2, 3번 호수가 연달아 붙어 있는데, 드디어 1번 호수가 보였다. 갑자기 앞쪽에서 환호성을 지르는 소리가 들렸다. 먼저 올라갔던 선두 그룹이 우리를 찾으러 내려온 것이다! 지희와 녀미는 가장 좋은 자리를 찾아 짐을 풀어 사이트를 맡아놓고 에너지가 고갈된 멤버들의 가방을 들어주었다. 힘들게 발걸음을 떼어 도착한 3번 호수 앞. 군데군데 눈이 쌓인 암석 봉우리 밑으로 에메랄드빛 호수가 펼쳐진 풍경이 9시간의 고통을 잊게 했다. 마지막으로 도착한 멤버는 감탄하며 말했다.

"이 풍경은 내 다리로 이렇게 애를 써서 올라와야만 볼 수 있는 거잖아. 투어 버스도, 사진만 찍고 이동하는 관광객도 올 수 없는 곳. 그래서 더 특별하네."

문제는 저녁을 먹을 때 시작됐다. 갑자기 내 속이 메슥거리기 시작한 거다. 배가 고파서 그런가 하고 제육볶음을 먹기 시작했는데, 속이 더 안 좋아져서 이내 숟가락을 놓고 텐트로 들어가 누웠다. 얼굴이 창백해지는 게 느껴졌다. 하필 컨디션이 안 좋았던 마지막 멤버와 텐트 메이트였다. 우리는 둘 다 침낭에 파묻혀 아무것도 못 하고 가만히 누워 있어야 했다. 이러면 안 되는데. 내가 가이드인데! 어두워진 밖에서는 별 좀 보라고 난리가 났지만, 텐트 문의 지퍼를 내릴 힘도 없었다. 몸은 배배 꼬이는데 손가락 하나라도 움직이면 울렁거려서 최대한 돌처럼 누워 간신히 숨만 쉬었다.

긴긴밤을 어떻게 버티나, 아침에도 이 상태면 헬기를 띄워야 하나, 폰도 안 터지는데 119를 부를 수는 있는 건가, 미국은 어마어마하게 비싸다던데 그래도 불러야 하나. 온갖 대안을 논의하기 시작했다.

도저히 안 되겠다 하는 순간, 번개 같은 순발력으로 텐트 문을 열고 세 번이나 연달아 토했다. 와, 이렇게 다급하고 강렬한 구토는 태어나서 처음이었다. 속을 비워내자마자 언제 그랬냐는 듯 컨디션이 제자리로 돌아왔다. 천만다행이었다.

그 지옥 같던 시간 동안, 나는 자연 앞에서 모두가 동등함을 배웠다. 정상에 도착해서도 체력이 남아 자신만만했던 나는 온데간데없었다. 올라오는 내내 후발대 멤버들을 보며 '어떻게 요만큼 걷고 또 쉴 수가 있지?'라는 마음이 들었는데, 그게 동전 뒤집듯 한순간에 역전됐다. 이렇게 속이 메슥거리는데도 여기까지 올라와준 친구에게 온전히 공감하지 못한 것이 진심으로 미안해졌다. 누구라도 예외일 수 없다. 누구든 언제든 아플 수 있다.

다음 날은 혹시 모를 사태에 대비해 모두 같이 출발하기로 했다. 우리는 서로 1그램이라도 무거운 공동 짐을 자기 배낭에 매달겠다고 뺏기 바빴다. 그러고는 서로의 속도에 맞춰 걸어 내려가기 시작했다. 다행히 하산은 수월했다. 모두 4시간 만에 내려와서, 어제 이 길이 왜 그리 힘들었는지 믿기지 않는다며 중간에 포기하지 않은 자기 자신을 칭찬했다. 완주했다는 뿌듯함 그리고 성취감. 무엇보다 서로 도와 함께 해냈다는 감각이 우리를 새롭게 했다.

역경을 함께 극복한 사이

피곤했을 법도 한데 돌아오는 밴에서도 자는 사람이 1명도 없었다. 우리의 이야기는 꼬리에 꼬리를 물고 이어졌다. 이틀

전보다 훨씬 가까워진 우리는 모험담이 끊이지 않았다. 이들의 대화를 흐뭇하게 들으며 운전하던 나는 역시 자연에서 몸을 맞대며 만나는 것에는 묘미가 있다고 생각했다.

그렇게 고생해 놓고도 만족도 설문에서 '장소'에 대한 항목은 5점 만점이 나왔다. 멤버들이 적은 백패킹 밋업의 소감 중 하나가 우리가 모험하는 이유를 명확히 설명해 줬다.

"언제부턴가 '연대'라는 말을 여기저기서 많이 들었지만, 나는 사람들과 부대끼는 일을 불편해했다. 등산 중반부쯤 누구의 눈치도 보지 않고 내 컨디션에만 집중하며 혼자 올라가던 그 시간보다, 등산 후반부에 하늬, 지희, 녀미가 후발대를 찾으러 후다닥 내려오던 모습, 명해가 아무 말 없이 몇 발짝 앞에서 걸어가던 뒷모습, 따뜻한 음식을 준비하던 녀미와 지희의 모습, 하산하던 날 느려질지언정 모두 엇비슷한 속도로 어울려 내려오던 그 광경이 훨씬 행복하게 기억되는 걸 보면, 그게 사람들로부터 받은 연대의 모양새일지도 모르겠다. 사실 나는 사람과 부대끼는 걸 싫어하지만은 않고, 그 연대를 받기를 (혹은 주기를) 좋아하기도 한다는 걸 이번에 느꼈다. 앞으로는 누군가에게 나를 소개할 때 사람과 부대끼기 싫어한다고 확고하게 말하지는 않을 것 같다."

— WBC LA 백패킹 밋업 후기 중

우리는 서로에게 도움이 되려 애썼다. 가방을 들어주고, 속도를 맞춰주고, 같이 쉬어주고, 물을 나눠 마시며 말이다. 자연에서 생존을 위해 함께하는 일은, 우리 안의 또 다른 모습을 발견하게 한다. 언제든 힘든 상황이 내게도 닥칠 수 있다는 것을 피부로 느끼며.

안전불감증과 준비된 두려움 그 사이에서

빅 파인 레이크 정상에서 아팠던 경험 덕분에 나는 이제 다음 모험에 더 잘 대비하고 준비할 수 있게 됐다. 한 번 힘들었다고 해서 그다음 모험을 아예 차단하기에는 얻은 게 너무 많았다. 다시 못 볼 풍경이나 친구들과의 연대와 같은 것들 말이다.

사실 LA 백패킹 이전에는, 특히 몸을 쓰는 일에 관해선 나는 괜찮을 것이라는 자만에 가득 차 있었다. 운으로든 노력으로든 피할 수 있을 것이고, 여태껏 잘 피해 왔다고 자신했다. 하지만 자연에서 역경을 제대로 맞자 정신이 번쩍 들었다. 역경과 고난은 누구한테나 찾아올 수 있다. 특히 모험을 떠나는 사람에게는. 나도 언제든 무리에서 가장 뒤처지는 사람이 될 수 있다는 감각은 남들보다 먼저 하는 게 잘하는 것인 세상에서 모두가 공동의 목표를 달성하도록 돕는 게 결국 나의 성공이라는 것을 일깨웠다.

나를 "에너지를 발산하는 인싸 생일 파티 주인공" 같다고 표현한 친구가 이번 여행을 통해 나의 다른 면을 봤다고 말해줬다.

"하늬한테는 뭔가를 못 하겠다는 얘기보단 해보겠다는 얘기를 해야만 할 것 같았거든. 근데 내 마음속의 인싸 친구가 '쉬고 싶은 만큼 쉬어도 돼'라고 얘기하면서 뒤에서 조용히 따라올 때, '하늬한테도 못 하겠다, 아프다, 마음 놓고 얘기해도 되는구나' 하는 생각이 들면서 정말 안심되고 행복했어. 내가 아는 하늬 말고 다른 하늬를 발견한 것만 같아서."

그렇게 자연에서 또 다른 내 모습을 배웠다. 나의 약함을 마주하자, 관계 맺고 연대할 이유가 생겼다.

명해

우리에겐 다양한 관계 맺음이 필요하다

핀란드에 모인 7명의 여자들

모험의 시작은 밤 농장이었다. 시즌 2 멤버십이 끝나는 게 아쉬웠던 멤버들은 뒷풀이차 혜선의 집에 모였다. 혜선은 가족들과 충남 예산에 터를 잡고 밤 농장@farm_musta을 꾸리고 있었다. 혜선을 닮아 다정한 아지트에서 멤버들은 밤이 늦도록 이야기꽃을 피웠다. 이날의 뒷풀이는 핀란드 사람과 결혼해 이민을 가는 나영을 배웅하는 자리이기도 했다. 한국을 떠나기 직전에야 자신과 꼭 맞는 커뮤니티를 발견한 나영은 내내 아쉬워했다.

"핀란드에 캠핑하기 좋은 데 많아! 다들 핀란드 놀러 와! 꼭!"

이듬해 여름, 버킷리스트 중 하나였던 움직임 축제에 참여차 덴마크에 갈 일이 생겼다. '덴마크도 마침 북유럽이네?' 구글 맵을 늘였다 줄였다 하며 살펴보다가 두 나라가 서울과 베이징 정도의 거리인 걸 발견했다. '내가 또 언제 핀란드에 갈 일이 있겠어? 편도 10시간을 들여 덴마크에 가는 김에 핀란드에 들르지 않을 수 없지!' 그렇게 나는 핀란드에 가겠다고 선언했다. 그땐 몰랐다. 그 약속이 거대한 모험의 시작이 될 줄은. 그리고 6개월 뒤, 낯선 핀란드 땅에 7명의 코리안 걸이 모였다.

백야의 꿈같은 일주일

헬싱키에 모인 우리는 그저 신기했다. 7월 말, 왕성한 여름의 중턱에 덜컥 긴 휴가를 내어 이곳에 모인 여자들. 건너건너 이름만 들었을 뿐, 초면인 이들이 대부분이었다. 그러니까 초면에 큰 시간과 비용을 들여 대뜸 핀란드까지 날아온 것이다. 대체 뭐 하는 사람들이지?

우선 덴마크에서 움직임 축제를 즐기고 나영을 보러 핀란드로 넘어온 나부터 이제는 핀란드댁이 된 나영, 남편의 유학으로 네 가족이 핀란드에서 살다 한국에 돌아온 뒤 오랜만에 혼자 추억 여행길에 오른 혜선, 세계여행 중 유럽에 들른 다솔, 퇴사 후 갭이어(gap year)를 가지며 숨 고르기 중인 혜원, 큰맘먹고 긴 여름휴가를 쓴 직장인 지현과 현영까지, 저마다 얕고 깊게 WBC와 인연이 있는 사람들이었다.

이 여정이 또 색달랐던 점은 일정이었다. 함께 여행하는 일정을 아주 느슨하게 맞췄다. 호스트인 나영과 앞뒤로 개인 일정이 가장 먼저 정해진 내가 공통 여행 일정을 정했다. 나중에 합류한 친구들은 그 기간에 맞춰 개인 일정을 유동적으로 조정했다. 혜선은 핀란드의 옛 친구도 만나고 느긋하게 둘러보고 싶어 2주간 혼자 여행하다 헬싱키에서 합류했고, 다솔과 혜원은 핀란드에서의 일정이 끝나고 유럽의 다른 나라를 혼자 여행하기로 했다. 그러다 보니 도착하고 떠나는 일정이 모두 달랐다. 몸집만 한 배낭을 메고 집을 나서서 헬싱키에서 만나기까지 각자 혼자서 오가야 했다.

이토록 산뜻하게 따로 또 같이 여행이라니! 헬싱키의 작은 숙소에 7명이 전부 모였을 때, 이 늠름한 모험 동료들의 조합이 벌써부터 흥미로웠다. 각자의 긴장과 설렘을 안고 초면인 듯 친구인 듯, 혼자인 듯 함께인 듯, 오묘한 와일드우먼들의 모험이 시작되었다.

"앞으로 쭉 비가 온대. 캠핑하려면 오늘밖에 시간이 없어."

헬싱키에서 짧은 시내 여행을 마치고 나영이 사는 케우루(Keuruu)로 넘어갔다. 나는 이미 2주간 덴마크를 여행하며 여독이 쌓인 터라 안락한 나영의 집을 놔두고 굳이 야영하는 게 어찌나 귀찮던지, 쾌적한 숙소에서 자고 싶은 마음이 굴뚝같았다. 혼자 슬쩍 빠질까 고민하다가 '에라, 모르겠다' 하며 눈 딱 감고 배낭을 들쳐 멨다.

나영의 남편이자 든든한 현지 토박이 예쎄가 캠핑카를 빌려 왔다. 한적한 숲길을 한참 달리자 바다 같은 호수가 눈앞에 펼쳐졌다. 우리는 외쳤다.

"안 왔으면 어쩔 뻔했어!"

호수 근처에 캠핑카를 대고 자리를 잡았다. 예쎄는 캠핑카를 놔두고 친구를 불러 집으로 먼저 돌아가면서, 내일 아침에 데리러 오겠다고 했다. 그의 다정한 배려로 거대한 호수가 온통 일곱 여자들의 차지가 됐다.

먼 이국의 여행자들을 반기듯 불그스름한 밤하늘엔 아주 큰 무지개가 떴다. 핀란드는 모든 게 컸다. 길쭉하게 솟은 자작나무도, 탁 트인 호수도, 갑작스레 뜬 무지개조차도. 그도

백야의 핀란드 호수에 우리만의 집을 지었다.

그럴 것이 땅덩어리부터가 컸다. 한국의 3배가 넘는 땅에 인구는 10분의 1이 조금 넘으니까 인구 밀도가 한국의 27분의 1이다. 온몸으로 체감되는 핀란드의 한적함이 고즈넉했다.

지현은 가지고 온 텐트를 쳤다. 혜원은 작은 손도끼로 장작을 팼다. 현영은 불을 피우고 다솔은 바비큐를 구웠다. 나영은 커피를 내리고, 혜선은 부추전을 굽고, 나는 라면을 끓였다. 모두가 약속이나 한 듯 빈틈을 찾아 자연스레 움직였다. 백야의 하루가 느리게 흘렀다. 자정이 다 되어서야 사위가 깜깜해졌지만 캠프파이어 앞에 모인 우리는 잔뜩 신이 나 눈을 빛냈다.

다음 날 아침, 캠핑카에서 느지막이 일어나 호수로 내려갔다. 아침 햇살에 비친 호수가 더없이 근사했다. 당장 물에 뛰어들고 싶었지만 수영복이 없네? 이런 행운이! 기회였다. 예쎄가 오기 전 찰나의 아침을 누리기 위해 발가벗고 호수로 뛰어들었다. 너도나도 옷을 벗는 친구들. 빛나는 순간을 흘려보내지 않고 기꺼이 함께 붙잡아주는 친구들이었다.

우리는 깔깔대며 멀리멀리 헤엄쳐 나아갔다. 내 엉덩이에 핀란드 호수의 아침 바람을 쐬어주다니. 엉덩이에 부는 해방감이 통쾌했다. 푸른 연꽃 잎을 주워다 머리며 엉덩이에 붙이고 사진을 찍었다. 별것 아닌 것에 참 쉽게 웃음이 났다. 호숫가의 일곱 개의 몸이 찬란했다.

나는 왜 외로울까?

하루가 멀다 하고 호수로 뛰어들고 뜨끈한 사우나를 즐기며 나영의 특제 한식을 먹다 보니 일주일이 쏜살같이 흘렀다. 벌써 내일이면 첫 타자로 내가 한국으로 돌아가는 날이었다. 완전체의 마지막 밤은 나영네 여름 별장에서 머물기로 했다. 숲과 호수의 나라 핀란드에는 여름 별장을 즐기는 국민적인 취미가 있다. 나영의 시가에서 특별히 배려해 준 덕에, 여름 별장의 벽난로 앞에 둘러앉아 꼬챙이에 꽂은 옥수수를 굴리며 지난 일주일을 떠올렸다.

더없이 사랑스러운 다솔, 누구보다 멋지게 춤을 추던 혜원, 마지막 순간 찐한 진심을 나누어준 지현, 언제나 현영다운 현영, 모두에게 든든한 삶의 레퍼런스가 되어준 혜선, 처음부터 끝까지 온통 행복했던 나까지. 그리고 일주일이 마치 한 달처럼 촘촘하게 행복할 수 있었던 건 그 모든 여정을 살뜰히 챙겨준 호스트 나영 덕분이었다.

한 명, 한 명을 떠올리며 불현듯 이상하다는 생각이 들었다. 여행을 시작할 때만 해도 한편으론 걱정스러웠다. 가족도 연인도 친구도 아닌, 잘 모르는 7명의 또래 여자들과 일주일 내내 붙어 있다니. 누구 하나 대판 싸우지나 않으면 다행 아닐까. 내심 삐딱한, 실은 불안한 마음으로 시작한 모험은 믿을 수 없게도 내내 충만함 그 자체였다. 아니, 우리 왜 한 번도 안 싸워? 어떻게 이럴 수 있지?

내게는 줄곧 해결되지 않는 외로움이 있었다. 내가 느끼는 외로움은 얼핏 보기엔 이해가 안 된다. 나는 친구가 많은 편이다. 적당히 눈치도 있어 사회생활도 두루두루 잘하고, 무난한 어린 시절을 보내며 가족들과도 나름 잘 지낸다. 무엇보다 든든한 짝꿍을 만나 결혼도 했다. 연인, 가족, 친구, 동료, 나를 둘러싼 여러 겹의 건강한 관계망이 있다. 그런데도 나는 종종 불현듯 어디서 기인한 것인지 모를, 그래서 어떻게 해결해야 할지 모를 막연한 외로움을 느끼곤 한다.

"우리 사이는 참 신기한 것 같아. 친구도 아니고, 그렇다고 그냥 아는 사이도 아니고. 가족이나 직장 동료는 더더욱 아닌, 딱 무어라 말하기 어려운 사이인데 말이야. 이 모호한 당신들과 함께 여행하며 내 삶의 그 어느 때보다 깊은 연결감을 느꼈어."

핀란드 여행을 누구랑 다녀왔냐고 묻는다면 나는 말을 고를 것이다. 친구? 지인? 동료? WBC에서 만난 이들은 내게 독특한 존재다. 이 느슨하고도 긴밀하고, 다정하고도 무해한 관계를 뭐라고 설명할 수 있을까?

모험 친구들의 관계 맺는 법

여행에서 돌아와 충만했던 일주일을 곱씹으며, WBC만의 관계 맺음이 지닌 특징을 꼽아보았다.

첫째, 몸을 움직이며 사귄다. 소개팅이나 술자리처럼 가만히 마주 앉아 납작한 정보를 주고받으며 손쉽게 서로를 판단하지 않는다. 나이, 직업, 결혼 여부, 가족 관계 같은 호구 조사 대신, 함께 몸을 움직이고 땀 흘리며 서로의 존재에 집중한다. 맨얼굴과 가벼운 옷차림, 흙이 묻은 손바닥에 투박한 웃음을 띤 얼굴로 자신을 애써 포장하지 않고 거리낌 없이 드러낸다. 지금 여기에 있는 그대로의 몸으로 서로를 바라본다. 백마디 말보다 때론 묵묵히 함께 존재하는 것이 서로를 더 진실하게 알 수 있는 법이다.

둘째, 적당한 거리감을 존중한다. 우리의 일상은 이미 수많은 무거운 관계들로 채워져 있다. 가깝고 내밀한 관계는 안정감을 주지만, 때론 그만큼의 책임과 기대가 부담스럽게 느껴지곤 한다. 혈연과 학연, 애정과 우정 등 전통적이고 무거운 관계만큼 유연하고 느슨한 연결과의 균형이 필요한 이유다. 첫 만남의 캠프파이어에서 연인, 가족, 심지어 친구에게도 말할 수 없던 깊은 이야기를 털어놓는다. 우린 언제고 강렬하게 만나, 또 언제고 미련 없이 헤어질 수 있는 사이니까. 너무 멀

몸으로 부딪히며 맺은 모험 친구들과의 관계는 머리로 사귄 이들과는 다른 모양으로 우리 삶에 자리 잡았다.

지도, 너무 가깝지도 않은 적당한 거리에서 오히려 가장 나다워진다. 성숙한 이들이기에 서로가 가장 편안함을 느끼는, 적당한 거리를 지혜롭게 배려해 준다.

셋째, 자연에서 나를 마주한다. WBC에 오는 이들은 모험에 대한 공통된 열망을 가지고 있다. 안온한 일상을 뒤로하고 위험을 사서 무릅쓰는 이들. 기꺼이 모험하려는 이들은 그 모험의 끝에 결국 자기 자신이라는 세계를 탐험하고 싶은 것이리라. 그런 이들이 기어코 박배낭을 메고 홀로 핀란드 여행길에 오르고, 한적한 호숫가에 호젓하게 자기만의 집을 짓는다. 탐험하고픈 자신만의 동굴이 있는 이들은 타인의 모험도 기꺼이 응원해 줄 수 있다. 무턱대고 상대를 시기하고 헐뜯기보단, 건강한 자극을 주고받으며 상대의 모험도 진심으로 응원할 줄 안다. 남이 아닌 자신에게 단단히 뿌리내린 사람의 시선은 무해하고 다정할 수밖에 없다.

내가 나여도 되는 관계가 있다면

WBC에는 님, 씨 등 불필요한 높임말은 생략하고 서로 이름을 부르는 문화가 있다(이름을 부르되 존댓말과 반말은 자연스럽게 서로 정리한다). WBC를 하기 전의 나는 또래 친구를 만나면 나이를 밝히고 빠르게 호칭 정리부터 하곤 했다. 그렇게 언니, 누나, 동생이 되는 식으로 사람들과 역할로 관계했다. 무수한 역할 속에서 내가 온전히, 나 자체로 누군가와 관계를 맺어본 적이 얼마나 있었을까 싶다.

근대 구조주의 언어학의 시조로 불리는 페르디낭 드 소쉬르는 인간의 사고는 자신이 사용하는 언어 구조에 종속되어 있다고 말한다. 너와 나 사이에 '언니'가 된 나는 은연중에 '언니로서' 생각하고 행동한다. 언니답게 의젓해 보여야 한다든지, 동생으로서 이쁨받고 베풂을 받는 데 익숙해진다든지 하는 식으로 말이다. 마찬가지로 가족, 연인, 친구, 동료 등과의 여러 관계 속에서 딸, 언니, 여자 친구, 아내, 사수, 막내 등 자신의 역할에 맞춰 생각하고 행동한다.

나는 WBC에서 만난 이십 대 대학생 친구와 육십 대 은퇴한 친구가 서로 다정하게 이름으로 부르고 격없이 어울리는 모습을 보는 게 좋다. 서로 눈을 맞추고 이름을 부르는 그 작은 호칭 문화가 서로를 동등하게 대하고 편견 없이 자유롭게 존재하는 분위기를 만들기 때문이다. 그 회색지대의 관계망 속에서 나의 새로운 모습을 발견한다. 서로의 경험과 눈높이를 존중하고, 미세한 위계나 역할에 존재가 매몰되지 않는다.

그렇기에 우리에겐 다양한 관계 맺음이 필요하다. 가족, 연인, 친구, 직장 동료, 선후배, 스승과 제자, 적당히 아는 지인 등 자로 잰 듯 명료하게 범주화된 나의 인간관계에 경계를 넘나드는 새로운 이웃이 나타나고 사라진다. 서로에게 친정 같은 아지트를 내주고 듬직한 모험의 동료가 되어주곤, 또 언제고 담담히 각자의 길을 향해 나아간다. 자연에서 나를 마주하고 몸으로 연대하는 이 느슨하고도 다정한 관계. 취향의 이웃이자 라이프스타일의 이웃, 든든한 제3의 관계망. 다정한 이웃들로 내 일상의 관계망이 더 촘촘하게 채워진다.

내가 그저 나로서 관계해도 괜찮음을 알려준 나의 핀란드 이웃. 이 묘한 이웃들 덕분에 나는 이제 못 견디게 외롭지는 않다. 다정하고 근사한 당신들과 함께한 우리의 여름밤. 또 바라면 언제고 이루어지겠지? 이 멋진 이웃들이 궁금하다면 일단 한번 와보시라! 기절한다!

명해

한 번으로 끝내긴 아쉬워서

더 지속적이고 일상적인 연결을 위해

함께 모험을 떠날 여자들을 찾고 더 자주 연결되자며 시작한 와일드우먼 멤버십은 지난 3년간 5번 열렸다. 우리의 외침에 응답하는 와일드우먼들이 얼마나 있을까? 시작할 때만 해도 시즌제로 꾸준히 열게 될 줄은 몰랐다. 멤버십은 우리에게도 새로운 모험이었으니까.

처음 멤버십을 론칭했는데 신기하게도 전국에서 여자들이 하나둘 모였다. 이미 모험을 떠나본 사람, 그때의 생생한 살아 있음이 그리운 사람, 모험을 꿈꾸지만 아직 실행에 옮길 기회가 없던 사람까지 50여 명의 여자들이 와일드우먼에 호응하며 WBC로 모여들었다. 줌으로 처음 이야기를 나누던 날, 지금은 도시에 살고 있지만 언젠가는 자연으로 돌아갈 테니 자기 안의 야성과 미리 친해지고 싶어서 왔다는 사람부터 자신을 얽매이게 했던 시선과 규율, 상식을 깨는 경험을 해보러 왔다는 사람 등 WBC에 닿게 된 저마다의 이야기들이 어쩐지 우리 모두의 이야기처럼 마음에 박혔다.

멤버십 3개월 동안 여자들은 난생처음 백패킹에 도전하고 밴라이프를 경험하고 파쿠르를 배우며 담을 탔다. 여자가 이끌고 여자가 따랐다. 여자들만의 편안하고 다정한 안전지대에서 와일드우먼들은 환호했다.

"이곳에서 첫 경험을 많이 했어요. WBC는 새로운 곳으로 떠나게 해주는 기차표와 같아요. '내가 할 수 있을까?'라는 막연한 불안이 있었는데 이제 무엇이든 해볼 수 있겠다는 마음을 갖게 됐어요."

"어디서든 텐트만 있으면 잘 수 있다고 생각하니까 어디를 가든 '여기서 텐트를 치고 자면 어떨까?' 하는, 평소에 안 하던 상상을 하게 되더라고요. 내 안에 새로운 렌즈가 생긴 느낌? 인생의 선택지가 성큼 넓어진 게 큰 변화예요."

— WBC 시즌 1 멤버십 참가자 후기 중

모험을 함께할 친구가 생기자 우리는 마음껏 편안해졌다.

 와일드우먼들의 가슴 뛰는 모험담을 들으며 WBC의 존재 의미를 찾을 수 있었다. 그렇게 3개월간의 첫 멤버십을 치르고 고민했다. 이제 뭘 해야 할까? 잠시 멈춰 지나온 길을 돌아보기로 했다. 혜선의 밤 농장으로 워크숍을 빙자해 하늬, 지영과 캠핑을 떠났다.

 돌이켜보면 우리의 질문은 항상 뭘 '해야 할까?'보단 뭘 '하고 싶은가?'에서 시작했다. 그저 우리 같은 친구들을 만나보고 싶었던 덕적도의 첫 모임을 시작으로, 좀더 자주 폭넓게 만나 새로운 형태의 우정을 발명해 보려 했던 멤버십, 와일드우먼들의 더 큰 규모감을 느끼고자 100명의 여자들을 불러

모은 리트릿 캠프까지, 18명이 50명, 100명이 되도록 쉼 없이 달려왔다. 그다음 숫자는 1,000이어야 할까? 우리가 원하는 게 그건가?

맹목적인 양적 성장보다는 질적인 방향성을 정비할 때였다. WBC는 어떤 존재가 되어야 할까? WBC의 비전과 미션을 정리했다.

- WBC는 더 많은 사람들이 모험하는 세상을 만든다.
- 여성들이 모험할 수 있도록 돕는 베이스캠프로서, 여성들이 자연에서 건강한 여성성을 회복하는 경험을 제공하고 그들 사이의 안전망을 만든다.

그렇게 비전을 다지며 우리는 두 번째 멤버십을 운영하기로 결정했다. 반복이라는 새로운 모험. 겨울이 오고 있었다.

모험을 '반복'한다는 모험

이듬해 와일드우먼 멤버십 시즌 3, 4가 연달아 진행됐다. 시즌제 멤버십을 운영하며 이 커뮤니티 서비스가 비즈니스 모델로서도 자립할 수 있을지 소소한 실험을 이어갔다. 3년간 운영된 5번의 멤버십 프로그램은 활동 기간도, 형태도, 참가비도 조금씩 다르게 책정됐다.

봄여름과 가을겨울로 나뉘는 멤버십은 계절적인 영향을 많이 받는다. 봄여름은 아무래도 사람들도 더 많이 모이고 활동적이다. 가을과 겨울로 갈수록 날씨가 추워져서 그런지 사람도 적고 차분한 느낌이 있다. 우리는 계절에 따라 다른 자연을 만끽하러 전국 곳곳으로 발길을 향했다. 봄이면 꽃이 만발한 곳으로, 여름이면 바다로, 가을이면 억새밭으로, 겨울이면 눈꽃을 쫓아 설산 산행을 떠나는 날들이 이어졌다.

시즌을 망라한 공통점이라면 어떻게 해야 사람들이 오프라인으로 더 자주 연결될 수 있을지 고민했다는 점이다. 온라인 기반의 다른 커뮤니티와 달리, 오프라인으로 몸을 부대끼며 사귀는 것이 WBC의 강력한 차별점이라 자부한다.

시즌 내 오프라인 행사마다 사람들의 참여를 더 많이 끌어내려면 어떻게 해야 할까? 프로그램별로 참가비를 따로 두지 않고 기본 멤버십 비용을 높게 책정할지, 아니면 멤버십비는 낮게 책정해 일단 가입 장벽은 낮추고 오프라인 행사별 참가비를 따로 두는 게 나을지, 비용은 모집 흥행에도 직접적인 영향을 끼치는 만큼 멤버십 기획 기간에는 별별 고민을 하며 골머리를 앓았다. 거기에 자발적인 번개가 활성화되길 바라며 커뮤니티 소통 채널도 만들어보고, 재능 나눔 쿠폰을 만들

번개는 WBC 멤버 누구나 열 수 있다. 멤버들은 가까운 서울 도심을 뛰는 러닝 번개 등 거창하지 않아도 몸을 움직이고 어울릴 수 있는 기회를 스스로 만들었다.

어 멤버들끼리 개별적인 만남을 이어갈 수 있도록 유도하는 일도 시도했다.

모험이라는 키워드는 매 시즌 같았지만 해가 바뀌고 시즌이 넘어갈 때마다 세부적인 메시지를 뾰족하게 기획하기도 했다. WBC의 메인 슬로건이자 2022년 첫해의 메시지가 'Follow Your Fear'였다면 그다음은 무엇이 되어야 할까?

10년, 20년에 걸친 모험의 대서사시가 나왔다. 채우려면 먼저 비워야 한다. 내가 나이지 못하게 옭아매는 현실의 장력을 우선 끊어내자. 그렇게 '해방'이란 키워드가 떠올랐고 2023년 한해는 새로운 긍정을 위한 부정, 비워냄의 해방을

뜻하는 'Let me free'를 슬로건으로 잡았다.

당시엔 영화 〈델마와 루이스〉의 여성 버디 이미지에 꽂혔다. 이름하여 '함께, 처음 만나는 자유'였다. 세상의 구속을 피해 자유롭게 질주하는 여자의 곁에는 든든한 우정을 나누는 또 다른 여자가 있다. 두 주인공은 모험의 끝, 영원한 해방을 향해 도약한다.

WBC의 존재 의미

SNS에서 소비되는 우리의 이미지 때문일까? WBC엔 대단한 모험을 꿈꾸는 여자들과 외향인들만 있을 것 같다며 참여를 망설이는 귀여운 문의가 들어오기 시작했다. 실제론 나 같은 내향인도 많은데 말이다. 와일드우먼들을 '센 언니'라고 납작하게 인식하는 사람들도 있었지만 개의치 않았다. 그 대신 백문이 불여일견이라고, WBC의 진짜 분위기가 궁금한 이들을 위해 해방의 첫걸음을 가볍게 경험해 볼 수 있게 초보 등산 교육, 고대운동 체험 등 가벼운 밋업을 종종 열었다.

조직 내부의 모험도 있었다. '크루'가 생긴 것이다. 시즌 2 멤버십이 끝나고 그해 말, WBC 크루를 모았다. 1년 반 동안 기획과 운영을 셋이 도맡다 조금씩 확장해 보기로 한 것이다.

특히 디자인과 마케팅 같은 전문적인 역량이 필요했다. 그때 만난 인연으로 WBC 공식 디자이너이자 추후 운영진으로 합류한 애진부터, 각자의 본캐를 십분 활용해 WBC를 더 다채롭게 만들어주는 멋진 동료들을 많이 사귀었다.

크루들이 합류하면서 여러 기획형 밋업도 다채롭게 열렸다. 실제로 해방을 주제로 한 해엔 함께한 크루들이 각각 익숙함, 역할, 도시, 시선, 몸으로부터의 해방을 주제로 백패킹을 리드했다. 세상이 나를 바라보는 시선 말고 내가 바라보는 나에게 집중해 보자며 멜라는 선자령으로 여자들을 이끌었다. 특히 달빛이 약한 초승달이 뜨는 날을 골라 함께 별을 관측했던 날은 기억에 오래 남았다. 윤선은 우리를 수식하는 수많은 '역할'에서 벗어나 진짜 자신을 탐구하는 백패킹을 이끌기도 했다. 달빛 아래 동그랗게 모여 앉은 여자들은 존재에 대한 이야기를 꺼내며 서로에게 집중했다.

아이디어를 내고 기획하기를 즐기는 나로서는 멤버십을 시즌제로 반복하기로 결정했을 때 조금 심심하게 느껴지기도 했다. 우리부터가 모험하지 않고 안주하는 건 아닐까? 사람들에게 더 이상 새로움을 주지 못하면 어떡하지? 그런데도 이를 반복하기로 결심한 건 베이스캠프로서 여성들의 모험에 더 깊이 자리매김하기 위해서였다.

와일드우먼이란 이름으로 만난 멤버들, 동료들과 교류하며

WBC의 존재 의미를 확신했다. 더 많은 사람들이 모험의 첫 발걸음을 내딛도록 응원하고 그들을 더 많이 연결할 것. 그러기 위해선 화려한 결과나 사람들의 인정에 일희일비하지 않고 같은 자리에 든든하게 존재해야 한다. 모험의 첫 경험을 안고 이제 막 또 다른 모험을 향해 떠나는 와일드우먼들이 길 위에서 지칠 땐 언제든 돌아와 쉴 수 있는 든든한 베이스캠프로 존재하길 바란다. 온몸으로 확신한 그 존재 의미를 이제는 반복해 다져야 할 때였다.

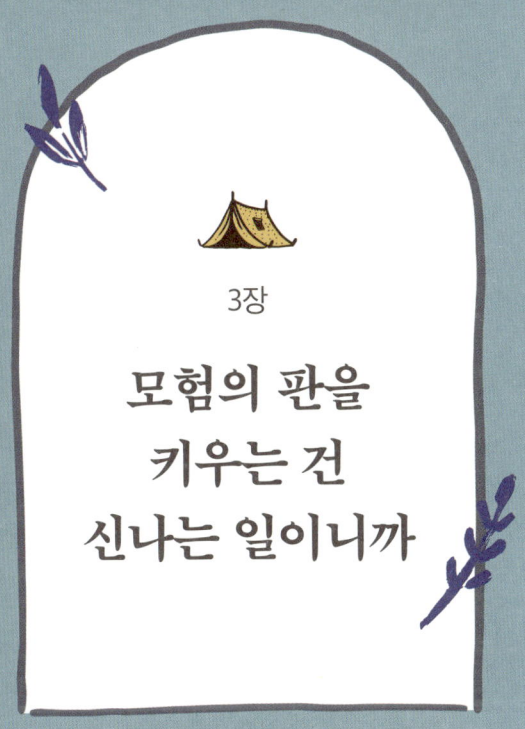

3장

모험의 판을 키우는 건 신나는 일이니까

"직업은 당신의 주머니를 채우지만
모험은 당신의 영혼을 채운다
(*Jobs fill your pocket,
but adventures fill your soul.*)."
— 제이미 린 비티(Jamie Lyn Beatty)

명해

여자들만 100명인 축제를 연다고?

맨땅에 헤딩하기

모험의 시작은 늘 그렇듯 '재밌겠다'였다. 덕적도에서의 첫 밋업과 시즌 멤버십으로 여성들의 모험과 연대의 경험을 야금야금 늘려가던 우리는 확신했다. '이렇게 좋은 건 더 널리 알려야 해!'

축제를 상상한 건 그때부터였다. '찐한 연대의 경험을 더 많은 여자들과 나눌 수 있도록 더 큰 판을 벌이자. 우리 같은 여자들 100명을 모아보는 거야. 이건 분명 재밌을 수밖에 없을 거야!' 축제는 그렇게 시작되었다.

앙큼한 도전엔 작은 비밀이 있다. 자본금도, 캠핑 장비도, 행사장도, 화려한 인맥도, 협찬사도 없었다. 나는 물론이고 하늬와 지영도 축제 기획을 해본 적도, 하물며 캠핑업계에서 일을 해본 적도 없었다. 경력이라곤 20명 남짓한 규모의 1박 2일 캠프를 몇 번 꾸려본 게 전부였다. 우리 셋이 만난 지도 채 1년이 되지 않았는데 100명이 모이는 2박 3일 캠핑 행사를 열겠다니, 그야말로 모험이었다.

그렇다고 못 할 것도 없지. 누구에게나 시작은 있는 법이니까. 일 저지르는 데 탁월한 재주가 있는 우리는 여자들만 100명인 캠핑 축제를 두 눈으로 직접 보고 싶다는 강한 열망에 사로잡혀 있었다.

'백패킹 밋업에서 경험한 깊은 유대감을 더 많은 사람들이 경험할 수 있는 장을 만들자. 스스로가 유별나게 느껴질 미운 오리 새끼들이 연결될 수 있게 더 큰 베이스캠프를 치고 그들을 불러 모으자.'

나와 비슷한 100명의 여자들이 서로의 존재를 확인하는 것만으로도 '내가 틀린 게 아니구나, 이렇게 살아도 괜찮구나' 하며 서로에게 확신과 용기가 되어주길 바랐다.

일은 저지른 뒤에 수습하는 것

8월 말, 여름의 끝자락에 축제를 열기로 했다. 일단 축제를 열겠노라 주변에 알리고 다녔다. 이제 엎어진 물을 어디서부터 수습해 볼까? 6개월에 걸친 대장정이 시작되었다.

가장 먼저 행사장이 필요했다. 100명의 대인원이 캠핑할 수 있는 넓은 공간을 찾았다. 야생의 거친 기운이 느껴지도록 자연과 가까우면서도, 캠핑이 익숙하지 않은 사람들을 위해 화장실이나 수도, 전기 등 문명과도 적당히 가까워야 했다. 다른 캠핑 행사와 야외 축제 공간들을 살펴보며 전국의 야영지, 캠핑장을 조사하는 데 손품을 팔았다. 그렇게 공간을 찾길 두어 달, 마음에 꼭 드는 장소는 도통 보이지 않았고 행사 날은 가까워졌다. 초조했다. 그렇다고 무턱대고 아무 곳이나 정할 수도 없는 노릇이었다.

그러다 운명처럼 만난 곳이 강원도 원주의 유알컬처파크였다. 지영이 야외 요가 수업을 하러 갔다가 카페 건물의 중앙 원형 잔디밭을 보고 한눈에 반했다며 소개한 곳이었다. 마침 공간 주인인 성은 또한 요가와 필라테스로 몸과 마음을 단단하게 꾸려나가는 여성이었다. 행사 취지를 들은 성은은 여성들의 모험과 연대의 가치에 적극 공감하며 헐값에 흔쾌히 공간을 내주었다. 행사를 준비하는 동안 택배 보관이며 공간 조성, 스태프 숙소 등 행사장의 도움이 필요한 순간이 많았는데 그때마다 성은은 든든한 서포터가 되어주었다. 행사 두 달을 앞두고 극적으로 공간을 발견한 우리는 가슴을 쓸어내렸다.

장소가 해결되고 나니 다음 난관은 돈이었다. 행사 운영에 필요한 비용을 책정해 보았다. 1년이 채 되지 않은 시점이라 후원받을 형편도 아니었기에 대부분의 비용을 참가비로 충당해야 했다.

100명 안팎의 모객 목표치를 잡고 참가비를 책정했다. 2박 3일 캠프에 이 금액이 합리적인가? 이 돈을 내고 100명씩이나 모일까? 첫 축제에 티켓이 목표치만큼 팔릴지도 미지수였다. 그렇다고 티켓을 사전에 판매해 종잣돈을 확보해 두고 개최 여부를 결정하기엔 날짜가 촉박했다. 선지출 후수익 구조의, 일종의 투자 방식으로 진행하는 수밖에 없었다.

그러다 보니 큰 결제를 할 때마다 여차하면 셋이 사비로 감당할 수 있는 금액이냐며 농담 삼아 물어가며 카드를 긁었다. 괜스레 불안해지면 애꿎은 엑셀 시트의 티켓가와 예상 판매 수를 이리저리 바꿔가며 애써 희망 회로를 돌렸다. 예상보다 티켓이 안 팔리면 셋의 인건비 삭감은 물론, 적자를 고스란히 분담해야 했다. 그래, 까짓것, 적금 붓는다 생각하고 갚아나가자. 그러다가도 이렇게 고생하는데 적자까진 좀 아니지 않냐며, 인건비 무료 제공을 마지노선 삼아 티켓을 최대한 팔아

보자고 으쌰으쌰 서로를 달랬다.

뚜껑을 열어보기 전까진 모를 참가비 수익은 일단 제쳐두고 비용부터 최대한 줄이기로 했다. 다행히 저렴한 가격에 멋진 공간을 선뜻 내준 귀인 성은처럼, 우리의 무모한 도전에 든든하게 손길을 내밀어준 동료들이 있었다.

친환경 아웃도어 브랜드 쉘코퍼레이션@shell_corporation을 꾸려가는 은진은 100여 켤레의 니삭스를 통 크게 후원해 주었다. 무감미료 우리 쌀 막걸리 과천도가@gwacheondoga를 만드는 지숲도 관악산생막걸리 70병을 흔쾌히 보내주었다. 신문에 칼럼 '허스펙티브'를 발행하는 기자 혜미는 우리의 모험을 누구보다 깊이 이해하며 멋진 기사를 써 힘을 실어주었다. 그 외에도 현장 스태프로 애써준 보혜와 아라, 움직임 코치로 함께 해준 로리까지 각자의 자리에서 저마다의 방식으로 힘을 실어준 친구들 덕분에 깜깜한 터널을 헤치고 발걸음을 내딛을 수 있었다.

삶에 한 번은 마주해야 하는 것

장소도 정해졌겠다, 이제 우리의 상상을 마음껏 풀어낼 차례였다. 애초에 우리가 신이 나서 벌인 일이 아니던가. 하고 싶은 것도, 아이디어도 참 많은 나와 하늬, 지영은 노는 데 일가견 있는 기획자였다.

우선 축제의 주제를 정했다. 이곳에 온 사람들과 나누고 싶은 이야기가 뭐지? 사람들이 어떤 경험을 하면 좋을까? 자연, 모험, 연대 등 자주 이야기하던 단어들이 떠올랐다. 근데 어딘가 약해. 다 멋진 단어들인데 딱 이거다 싶은 말이 잡히지 않고 머릿속을 맴돌았다. 우리가 바랐던 건 사람들이 WBC에서 가장 자연스러운 자신으로 존재하고 저마다의 내밀한 욕망을 가감 없이 표현하는 것이었다. 번지르르하니 겉도는 말 말고 진짜 이야기가 튀어나왔으면. 그렇게 조금씩 안으로 들어가 붙잡은 단어가 '두려움'이었다.

두려움은 인문학 학교 건명원을 다닐 때부터 늘 마음 한구석에 자리 잡고 있던 단어였다. 건명원에서 여러 인문, 과학, 예술 강의를 들었지만, 그중 나를 가장 흔들었던 건 '그래서 나는 누구인가?' 하는 물음이었다. 진로 고민이 많았던 그때의 모든 배움은 결국 내가 어떤 고유한 욕망을 품고 있는지 알기 위한 과정처럼 느껴졌다. 나는 내가 누구인지가 가장 궁금하고 그것에 대해 가장 이야기하고 싶었는데, 그 답에 가닿기 위해 잡은 힌트가 두려움이었다.

우리는 열렬히 바랄수록 그것을 잃을까, 그곳에 닿지 못할까 두려워한다. 그래서 두려움을 외면하는 데 익숙하다. 두려움이란 감정은 불편하고 피곤하고 모호하기 때문이다. 하지만 아이러니하게도 나의 두려움을 더듬더듬 쫓아가다 보면 진짜 나를 만날 수 있다. 나의 진짜 욕망은 늘 두려움 뒤에 존재하는 법이다.

모험을 꿈꾼다면 꼭 한 번은 자신의 두려움과 마주해야 한다. 진짜 두려움은 담담히 마주하는 것만으로도 버거울 수 있다. 그러니 WBC가 각자의 두려움을 마주할 안전지대가 되어주자. 이곳에 모인 모두가 자기 몫의 두려움을 품고 내 곁에 함께하고 있다는 사실만으로도 서로에게 용기와 위로가 될 것이라 믿었다.

그때 퍼뜩 건명원에서 마음에 남았던 표어가 떠올랐고, 그렇게 우리의 첫 축제 슬로건이 'Follow Your Fear'가 되었던 것이다.

두려움을 따라가다

슬로건이 잡히고 나니 프로그램의 맥락도 더 풍성해졌다. 두려움을 주제로 토크를 꾸리기로 했다. 연사 섭외 전, 스스로에게 물었다. 나의 두려움은 무엇이지? 하늬, 지영과 서로에게 재차 물을수록 생생한 이야기들이 터져 나왔다. 우리는 결국 나다운 삶을 한 번도 살아보지 못할 것이, 혼자가 될 것이, 점점 나이가 들어가는 것이 두려웠다. WBC는 곧 우리의 당사자성에서 시작된 커뮤니티이기에 우리의 진짜 두려움에 사람들이 공명할 거라 생각했다. 그렇게 나다움·혼자 됨·나이 듦에 대한 두려움을 주제로 토크 꼭지를 잡았다.

"저희의 연사가 되어주실 수 있을까요?"

이 주제를 누가 이야기할 때 사람들이 더 공감할까? 비키니를 통해 여성, 여행자, 서퍼로서의 이야기를 전하는 현주@ufuluswim가 만들고픈 나다운 삶은 무엇일까? 망망대해로 항해를 떠난 포토그래퍼 수민@sooeatsyourstreetforbreakfast은 혼자 된 그 밤에 어떤 외로움을 느꼈을까? 출판 편집자로 살다 사십 대 후반에야 건강하게 살려고 시작한 운동이 철인3종까지 이어진 '마녀체력' 영미@withbutton가 나이 듦의 두려움을 주제로 이야기한다면?

그리고 결혼 대신 친구와 야반도주하듯 세계여행을 떠난 선임@weesunim, 여성들에게 팀 스포츠를 비롯한 다양한 운동 클래스를 제공하는 위밋업스포츠@wemeetupsports 혜미까지, 우리가 가진 두려움을 이미 마주하고 한발을 뗀 여성 연사들을 찾았다. 떨리는 마음으로 5명의 연사에게 콜드 콜을 보냈고,

결과는 모두가 예스! 사례비가 넉넉하지도 않았고 우리를 증명할 대단한 이력도 없었지만 그녀들은 우리의 메시지에 공감하고 기꺼이 함께해 주었다.

행사 공간을 기획할 때도 두려움의 맥락을 곳곳에 배치했다. 캠프 입장 때 두려움을 시각화한 세리머니가 대표적이었다. 행사장 구조상 텐트 사이트이자 메인 프로그램이 펼쳐질 원형 잔디밭에 입장하려면 좁은 통로의 문을 지나쳐야 했다. 그 통로에 끈을 이용해 두려움의 의식을 기획했다.

맨손으로 함께 담을 오르고 장애물을 넘으며 모험 동료들은 더 끈끈해질 수밖에 없었다.

WBC에 오기까지 느꼈던 두려움만큼 끈의 높이를 직접 정한다. 누군가는 발목이 채 되지 않았고, 누군가는 어깨가 훌쩍 넘는 높이였다. 이곳에 입장하는 순간부터는 나의 두려움을 담담히 마주하고 쫓아가보길 다짐하며, 두려움의 선을 성큼 넘는다. 그리고 캠프 입장! 이 작은 의식이 주는 두려움에 대한 자각과 다짐은 캠프 내내 이어졌다.

3장 모험의 판을 키우는 건 신나는 일이니까

움직임 프로그램으로 파쿠르와 오리엔티어링을 선택한 이유도 그래서였다. 파쿠르를 하며 난간을 걷고 담을 오르고 네발로 기어보는 경험은 두려움의 체화였다. 오리엔티어링을 통해서는 거친 자연에서 스스로 길을 만들어가는 경험을 하길 바랐다. 마침 행사장을 야트막한 산이 둘러싸고 있었다. 여기서 오리엔티어링을 하면 딱이겠다 싶었는데 웬걸, 등산로가 없었다.

길이 없으면? 만든다! 운 좋게도 국내 최고의 오리엔티어링 동호회 오러버스@orienteering_korea와 함께 새로운 코스를 만들기로 했다. 오러버스에 처음 연락할 때 오러버스의 대장이자 오리엔티어링 전 국가대표 선수인 윤선이 여자인 걸 알고 쾌재를 불렀다. 성은에 이어 윤선까지! 축제를 만드는 과정도 가급적 여성들로만 꾸려가고 싶었던 바람이 거짓말처럼 이뤄졌다. 없는 길을 만들려 애를 쓸 때면 유능한 여성들이 턱턱 나타나 기꺼이 길잡이가 되어주었다.

윤선의 능숙한 리드로 원주까지 수차례 답사를 진행했다. 사람의 발길이 드문 야산이라 낙엽은 잔뜩 쌓여 있고 산 비탈길은 가팔랐다. 하루는 갑작스러운 소나비에 비를 쫄딱 맞으며 산을 뛰어다니기도 했다. 그렇게 고생스러운 답사 끝에 코스를 완성하고는 윤선을 얼싸안고 기뻐한 기억이 난다.

축제를 준비하며 두려웠던 순간이야 셀 수 없이 많았다. 무턱대고 일을 벌였다 실패하면 망신은 물론 빚더미에 앉게 되는 건 아닐까? 일은 많고 손은 적으니 현장에서 펑크가 나면 어떡하지?

도저히 못 하겠어서 포기하고 도망쳐 버리고 싶은 순간마다 눈을 질끈 감고 고마운 손길에 의지해 더듬더듬 나아갔다. 그렇게 모험의 돛을 올려 나아간 끝에 100명의 여자들이 형형색색의 배낭을 메고 한자리에 모인 순간, '내가 이 광경을 그토록 보고 싶었구나' 하고 깨달았다. 씩씩하고 다정한 여자들만의 안전지대를 만들어내고 싶어서 그토록 두려웠구나. 오래도록 찾아 헤매던 모험이 한여름밤의 축제처럼 시작되고 있었다.

맨땅에 헤딩하는 기분으로 열었던 제1회 리트릿 캠프. 이곳에 모인 100명의 여자들은 거침없이 내달리며 환호했고, 밤의 캠프파이어 앞에서는 서로의 이야기를 진솔하게 나누었다.

명해

그래서 얼마나 벌었냐면요

이렇게 계속할 수 있을까

지금부터 짠내 나는 이야기를 하겠다. (잠깐 눈물 좀 닦고.) 4년간의 수익, 바로 돈 얘기다. 할머니가 될 때까지 이 커뮤니티가 존속하려면 무엇을 해야 할까?

빛나는 모험심을 잃지 않고 WBC를 찾아줄 동료들이 그 때까지 남아 있을까 하는 낭만적인 걱정도 있지만, 한편으론 돈, 돈, 돈! 커뮤니티 운영 4년 차가 되니 머리가 꽃밭인 채로 신나게 기획하던 시절을 지나, 냉철하게 계산기부터 두드리며 이 프로젝트가 돈이 될까 염려하는 시절을 산다.

"WBC는 이미 잘하고 있는데, 뭐. 지금처럼 하면 돼."

주변에 다른 커뮤니티를 운영하는 선배나 동료에게 조언을 구하면 돌아오는 답은 대개 이렇다. 화려한 비주얼의 콘텐츠, 환호 가득한 참가 후기들. 밥벌이도 바쁜데 모험 타령이라니 'WBC는 먹고살 만한가 보다' 하고 생각할지도 모르겠다. 아니, 저희 장부를 한번 보시면……

더 이상 사이드 프로젝트로 치부하기엔 덩치가 커져버린 WBC를 두고 돈벌이에 대한 고민이 깊어진다. 당장 운영진부터가 먹고사니즘에 굴복하지 않고 내년에도 커뮤니티를 운영할 수 있을까? 죽음의 계곡을 넘어 동료들과 지치지 않고 먹고살 궁리를 (누군가는) 해야 할 계절이 왔다.

어쩌다 개츠비

"올려? 내려?"

어김없이 눈치싸움이 시작됐다. 살벌한 LA 물가에 익숙한 하늬는 '올려'를, 새가슴인 나는 주로 '내려'를 담당한다. 참가비 책정의 순간이 돌아온 것이다. 장당 20만 원을 호가하는 리트릿 캠프는 물론, 시즌 멤버십, 백패킹 밋업, 하물며 온라인 토크 참가비도 "5천 원은 받아야지, 1만 원은 너무 비싼가?"를 두고 오픈 직전까지 머리를 맞대고 엑셀을 고쳐 쓴다.

참가자와 스태프, 연사, 코치 등을 포함해 150여 명의 인원이 오가며 2박 3일간 진행되는 리트릿 캠프는 회당 수천만 원대의 예산이 필요하다.

첫 리트릿 캠프를 치를 때는 이 정도 규모의 행사 예산에 대한 감이 전혀 없었다. 무작정 일을 벌인 후에 계산기를 두드렸다. 그 결과는?

"100만 원 적자!"

첫 리트릿 캠프를 준비하며 32번, 총 80시간의 기획 회의를 했다. 그 외에도 수시로 이어진 비공식 온라인 메신저 회의와 매일 이어진 업무.

당시 셋은 생업이 따로 있었다. 퇴근 후 새벽까지 협찬사에 메일을 보내고 참가자 문의에 응대하고 콘텐츠 작업을 하다 잠들곤 했다. 세어보니 18주간 꼬박 1,134시간을 들여 축제를 치렀다. 최저시급으로 계산해도 1,100만 원의 노동이려나. 고생은 고생대로 하고도 열정 페이에, 오히려 사비까지 들여 적자를 메워야 하다니. 사랑하는 데이지들을 만나기 위해

파티를 여는, 우리가 개츠비인가?

그래, 안다. 우리가 좋아서 자처한 일이다. 그렇지만 좋아서 시작한 일에서 최소한의 경제적 보상을 바라는 것은 큰 욕심일까? 본업보다 더 많은 시간과 정성을 투자한 사이드 프로젝트를 나를 착취하는 방식으로 언제까지 지속할 수 있을까? 무엇보다도 함께 고생해 준 동료들에게마저 충분한 보상을 해주지 못할 때는 그야말로 정신이 번쩍 드는데, 사업 수완도 없으면서 능력에 버거운 일을 벌였나 싶은 회의감이 들수록 커뮤니티 운영에 대한 해맑은 애정은 빛이 바랬다.

절치부심하여 수익률 개선을 시도했다. 멤버십은 5번의 시즌 동안 참가비와 혜택 구성을 바꿔가며 사람들의 반응을 살폈다. 어떤 시즌은 참가비를 5만 원으로 낮추는 대신 시즌 내 밋업별 참가비를 따로 두었다. 원하는 멤버만 원하는 만큼 돈을 내고 밋업에 참여하는 식이다. 다른 시즌은 멤버십비 자체를 높게 책정한 대신, 시즌 내 무료로 참여할 수 있는 필수 밋업을 서너 번 마련했다. 큰 비용을 내고 가입한 멤버들인 만큼 프로그램 참여율도 높았고 자연스레 기수 간 교류도 활발했다.

그래도 매번 뚜껑을 열어보기 전까진 아무도 모른다. 긴장되는 마음으로 부지런히 계산기를 두드릴 뿐. 위안이라면 시즌이 반복될수록 확실히 비용이 줄기는 한다는 점이다. 백패킹을 리드하는 멤버들의 경험치가 쌓인 만큼, 장소 섭외나 프로그램 기획에 드는 시간적·정신적 품이 준다. 함께 일을 도모해 보고 싶다며 공간이나 물품 협찬을 제안해 주는 곳도 늘었고, 고가의 캠핑 장비 같은 고정자산이나 가용 네트워크도 확장됐다. 비용이 줄어들수록 마진율이 개선되고 있다는 게 그나마 커뮤니티 운영의 숨통을 틔워주었다.

비즈니스? 커뮤니티!

열심히 수익 얘기를 했지만, 여기서 질문. 우리는 단순히 돈을 많이 벌기 위해 이 일을 하는가?

4년간 꾸준히 활동하다 보니 이제 커뮤니티를 등에 업고 본격적으로 사업화해 보라거나, 브랜드와 컬래버하면 돈을 제법 벌겠다는 식의 열띤 조언을 받곤 한다. 브랜딩도 뾰족하고 타깃층도 마침 구매력이 왕성한 3040 여성 커뮤니티이니 얼핏 비즈니스 기회가 무궁무진해 보일 것이다.

그렇다면 우리는 커뮤니티 사업에서 '커뮤니티'와 '비즈니스' 중 어디에 방점을 찍을 것인가? 대답에 따라 앞으로의 방향이 달라질 터였다. 다행이라면 이 질문에 나와 하늬, 지영 모두 흔쾌히 같은 답을 택했다는 점이다.

우리의 답은 커뮤니티였다. 방향성은 커뮤니티 운영의 크고 작은 결정에 영향을 끼친다. 수익을 어떻게 낼 것인가에 대한 고민은 근본적으로 커뮤니티를 어느 방향으로 꾸려갈 것인가 하는 고민과 맞물려 있기 때문이다.

2024년, 3회째 리트릿 캠프를 준비할 때였다. 전라북도 진안군과 연이 닿아 드디어 리트릿 캠프도 첫 후원을 받게 되었다. 진안군에서 원하는 공간을 알려주면 장소 협찬을 검토해 보겠다고 했다. 2박 3일간 행사장을 대관하는 데는 최소 몇백만 원이 든다. 그 비용을 아낄 수 있다면 축제 운영에도 큰 도움이 될 터였다. 잔뜩 신이 난 우리는 그 길로 진안으로 차를 몰았고, 캠프를 열 만한 장소를 헌팅하고 다녔다.

그런데 덜컥 마이산의 위용에 반해 버렸다. 영험한 마이산 자락의 정기를 받아 꼭 이곳에 축제를 열어야겠다! 문제는 우리가 점찍어 둔 후보지는 인근 사찰 소유의 땅이라 진안군에서도 도움을 줄 수 없다는 것이었다. 군에서 제안한 공간을 훑어보았지만 우리가 바라는 야생의 거친 느낌이 부족했다. 아쉬운 대로 협찬이 가능한 공간에서 행사를 진행하느냐, 비용을 지불하고서라도 우리의 정체성과 커뮤니티 경험을 살릴 수 있는 곳으로 가느냐의 갈림길에 섰다. 그리고 늘 그렇듯, 우리는 후자를 택했다.

수익성을 고민하지 않은 건 아니지만

리트릿 캠프를 매해 운영하는 것부터가 커뮤니티성과 수익성 중에서 선택해야 하는 치열한 고민이다. 100명의 여자들이 한데 모여 서로의 존재를 확인하고 한여름밤의 꿈과 같은 연대를 경험한다는 취지의 리트릿 캠프는 어느새 WBC의 상징적인 이벤트가 되었다.

그런데 3회째 축제를 진행해 보니, 100명이라는 규모가 수익 면에서는 영 애매하다. 우선 100이라는 수는 사업 면에선 그리 큰 숫자가 아니어서, 대량으로 생산할수록 평균 비용은 낮아진다는 규모의 경제가 크지 않다.

국내 최대의 캠핑 축제를 자처하는 어느 행사는 회당 1만 5천 명의 캠퍼들이 참여하고, 한 아웃도어 브랜드에서 개최하는 백패킹 행사는 회당 600여 명의 백패커들이 꾸준히 참여한다.

우리도 리트릿 캠프의 참가 인원을 확 늘리는 걸 고려해 보았지만 역시나 문제는 커뮤니티성이었다.

'1,000명의 여자들이 한데 모이면 거기 어떤 사람들이 있었는지 기억은 날까? 사람들이 지금과 같은 거리감으로 서로 관계 맺고 연결될 수 있을까?'

첫 덕적도 캠프가 끈끈했던 건 18명의 여자들이 서로의 이름과 얼굴, 면면을 오롯이 경험할 수 있었기 때문이다. 우리가 이를 포기하면 1,000, 10,000이라는 성과를 얻을지 몰라도 한 사람, 한 사람의 유대감은 옅어질 것이다.

결국 우리가 바라는 연결감, 연대의 첫 경험이 상업적인 성과에 의해 저해되는 규모로 일을 키우고 싶지 않았다. 그 작은 진정성을 포기할 수 없어서 우리는 오늘도 계산기를 두드리며 딜레마에 빠진다.

사업성과 커뮤니티성이 무 자르듯 나뉘는 것은 아니다. 둘 중 하나만 취할 수 있는 것도 아니다. 그렇기에 해가 갈수록 커뮤니티성을 잃지 않으면서도 최소한의 수익성은 늘 고려해야 한다고 절실히 느낀다.

요지는, 우리가 WBC를 운영하는 이유는 이 커뮤니티가 오래도록 존재하며 사회에 건강한 영향력을 끼치려는 것이지, 이걸로 더 많은 수익을 내기 위한 것만은 아니라는 점이다. 그러니 브랜드를 잘 키워 무조건 큰 투자를 받아 사업을 매각하는 식의 전형적인 출구 전략은 우리와 맞지 않다.

철없는 모험을 위한 진지한 고민들

이쯤 되면 '이 사람들, 참 돈 벌긴 글렀다' 싶을지도 모르겠다. 그럼에도 몇몇 백패커 친구들은 WBC에 대해 이렇게 비판하기도 한다.

"자연에 가는데 꼭 비싼 돈을 내면서 가야 해? 자연을, 아웃도어를 사랑하는 마음을 이용해 장사하는 거 아니야?"

이미 아웃도어에 능숙하고 친구들도 많은 백패커 입장에선 WBC의 유료 프로그램이 아니꼽게 보일 수도 있다. 누구나 공평하게 누릴 수 있는 자연을 상품화하여 비싼 돈을 받고 판매한다는 비판도 한다. WBC가 지향하는 모험과 자연, 여성과 연대의 가치를 자본주의의 잇속에 파는 거라고 말이다. 운영자와 참가자로 만나 친구가 되고 함께 일을 도모하는 동료가 되며 관계의 경계를 넘나들수록, 커뮤니티 사업의 가치를 교환하는 방식에 대해 고민이 많아지는 것도 사실이다.

WBC가 추구하는 사회적 가치로 봤을 때 비영리 조직으로서 기부금을 받거나 지원금을 받아 활동하는 방식도 고민했다. 그럼에도 우리는 여전히 WBC다운 커뮤니티성을 지켜가되 시장에서 소구되길 바란다.

시도하고 실패하는 데 인색한 한국 사회에서 여자들이 모험을 시작하고 서로 지지해 주는 안전지대의 존재는 무척 소중하다. 그 가치를 이해하고, 이를 위해 애쓰는 사람들의 진심과 노동의 가치를 존중하는 사람들이 WBC를 기쁜 마음으로 '소비'하길 바란다.

자본주의 사회에서 자신의 가치관과 지지를 드러내는 대표적인 방식이 소비이기에, 우리가 지향하는 가치가 영향력을 가지고 지속 가능하게 퍼지기 위해서는 이 가치를 담아낸 활동이 꾸준히 만들어지고 인정받고 합당한 가격에 소비되어야 한다.

프로그램에 직접 참여하는 와일드우먼들은 물론이거니와, 우리의 콘텐츠를 보고 간접 체험하는 여자들, 더 나아가 남성을 포함한 사회의 다양한 구성원들이 여성들의 모험과 연대의 서사를 접하고 응원해 주길. 그래야만 앞으로 WBC가 만들어내는 자기다운 모험, 여성 연대의 영향력이 더 멀리 퍼질 힘을 기를 수 있을 것이다.

좋아하는 일로 먹고살 수 있을까? 살풀이하듯 지난 수익 실험과 적자에 대한 고민을 휘갈겨보았다. 우리와 비슷한 시기에 열성적으로 활동하다 핵심 멤버들이 지쳐가며 흐지부지된 동료 커뮤니티의 소식을 듣곤 한다. 저분들도 참 고생 많았겠다 싶어서 짠하면서도 어쩐지 남 일 같지가 않다.

4년간 맨땅에 헤딩하며 얻은 결론이랍시고 '커뮤니티 서비스는 돈이 안 된다!'라고 단언하고 싶은 마음을 썼다 지운다. 자본의 원리에 휘둘리지 않고 꼭 필요한 모험과 연대의 가치를 잃지 않은 채 스스로 무럭무럭 확장해 가는 커뮤니티 사업이 될 수 있을까? 이 어려운 과제 앞에서 자주 두렵고 자신이 없어진다. 애정하는 커뮤니티가 존속하기 위해선 독립을 위한 최소한의 수익 기반을 반드시 마련해야 한다. 마냥 즐거워 보이는 우리이지만, 결코 가벼울 수만은 없는 속내다.

매거진《B》의 발행인이자 브랜드 전문가 조수용은 좋은 브랜드는 감각 있는 한 사람과 의식 있는 자본가가 만날 때 태어난다고 했다. 지면을 빌려, 우리의 진심을 세상에 발신한다. 모험과 야성, 여성 연대의 가치에 공감하는 의식 있는 자본가에게 우리의 이야기가 가닿기를. 빛나는 야성을 품은 여자들을 불러모을 우리의 든든한 뒷배가 되어주실 분, 연락 주세요! 세상을 바꿀 모험, 함께 만들어보자고요!

하늬

모험의 상상을 넓혀주는 사람

장소가 주는 상상력

새벽 5시 40분. 알람에 깨어 눈을 비비며 노트북을 열고 LA에서 온라인으로 접속한다. 이곳 새벽 6시, 한국은 밤 9시에 시작하는 이 모임에 들어가면 이곳이 어디인지, 낮인지 밤인지 잠시 헷갈린다. 눈 덮인 산, 다이빙하고 있는 호수, 물고기 떼가 가득한 바다, 하늘을 나는 패러글라이딩, 망망대해에 떠 있는 배 사진 등이 눈앞에 펼쳐진다. 주로 하늘색과 초록색이 배경에 가득한 이 모임은 WBC 온라인 신년회다. 우리는 사진 한 장으로 자신이 떠났던 모험에 대해, 떠나고 싶은 모험에 대해 한참 수다를 떤다.

2023년 첫 신년회 이후로, WBC 멤버들과 온라인으로 만날 때마다 항상 자신이 좋아하는 자연 사진을 배경으로 설정하라는 미션을 준다. 장소에 대한 상상력이 주는 힘이 크다는 걸 알기 때문이다. 말로만 듣던 곳에 이미 트레킹을 가봤거나 항해나 사격처럼 흔히 접하지 못하는 취미를 가진 사람들의 이야기를 들으며 우리는 묘한 자신감을 얻는다.

'한 다리 건너면 나도 저기에 갈 수 있겠네?'

한 번도 가보지 않은 곳이지만 당장이라도 떠날 수 있을 것 같은 막연한 설렘으로 나의 모험에 대한 상상력도 커져만 간다. 모험하고 싶은 장소는 구체적일수록 좋다. '이런 곳이 있을까?' 막연하더라도 상상이 구체적이면 된다. 칠흙같이 어두운 곳에서 보는 물에 비친 은하수라든지, 텐트를 열면 나오는 에메랄드빛 호수와 설산이라든지, 걸어도 걸어도 눈에 걸리는 게 없는 지평선과 마주한 초원이라든지.

구체적인 장소를 찾아 떠나는 것으로 모험이 시작된다. 항상 그랬다. 지영과 처음 간 제주 캠핑카 여행도, 명해와 처음 진행해 본 LA에서의 첫 해외 백패킹도 경험해 보고 싶은 자연 경관이 나올 때까지 우리는 모험했다.

사람이 주는 상상력

한국 내에서도 각기 다른 지역의 멤버들과는 온라인으로 만나는 데 익숙했던 우리는 상상력을 넓혀 '진짜 만나고 싶었던 사람들을 섭외해서 그들의 이야기를 들어보자!'라는 아이디어를 떠올렸다. 이름하야 모험하는 여자들의 온라인 토크, '모험나누장'. 자기 안의 두려움을 넘어 모험을 떠난 사람들의 이야기로 그 용기를 나누는 자리다. 모험의 상상을 넓히는 데는 이미 뭔가를 해본 사람의 이야기가 강력한 힘이 된다는 분명한 확신이 있었다.

우리는 나만의 모험을 일구어가는 여자들의 이야기가 더 많이 들리고 공유되길 바라는 마음에서, 구체적이고 촘촘한 참고 사례를 찾기 시작했다. 갖고 있는 네트워크를 총동원했고, 일면식도 없는 사이라면 이메일을 보냈다. 미혼, 기혼, 비혼, 친구와 동거 중, 유자녀 혹은 무자녀 등 다양한 생애주기를 걷고 있는 사람을 찾았다. 이십 대부터 오십 대까지, 사업가, 전 국가대표 선수, 작가, 등반가, 내추럴 사이즈 모델 등 다채로운 모험가가 모였다. 그렇게 2022년부터 총 10회에 걸쳐 '모험나누장'을 열었다.

우리의 신호에 반응해 준 연사들은 총 10명이다. 각기 개성 강한 인물들이지만, 그중에는 창업을 통해 자신의 이야기를 발신하는 여성들이 가장 많았다. 우선 현주는 건강한 비키니 문화를 전하기 위해 친환경 수영복 브랜드 '우풀루스윔'을 창업한 이야기를 해줬고, 우리의 오랜 친구인 은진은 회사원의 삶에서 벗어나 사랑스러운 친환경 아웃도어 브랜드 '쉘코퍼레이션'을 만든 도전기를 들려주었다. 정서발달 키즈랩 '아르떼로쏘'의 창업자 지민은 '완벽한 엄마'라는 허상을 내려놓기까지의 고민을 털어놓았다. 전 스포츠 선수 여성들을 모아 여성들에게 팀스포츠를 경험할 수 있는 장을 만든 '위밋업스포츠'의 대표 혜미까지 치열하게 고민하는 여성들은 없는 길을 직접 만들면서 두려움에 맞서고 있었다.

여성들의 모험을 다룬 책의 저자들도 섭외했다. 27년간 책을 만들다 철인 3종을 15번 하게 된 『마녀체력』의 저자 '마녀체력'이 흔쾌히 연사를 맡아주었고, 『서른, 결혼 대신 야반도주』의 저자 선임은 서른에 겪은 우울증으로 인해 몸마저 칠십 대와 다를 바 없다는 진단을 듣고 운동을 시작한 이야기를 들려주었다.

암벽등반가이자 아웃도어 모험가 채울, 캠퍼들을 위한 마당 있는 집 '대피소울릉'을 차려놓고 다이빙, 트레킹, 클라이밍 등 울릉의 다채로운 자연을 누비는 일상의 모험가 은경, 보디 포지티브(body positive) 운동가이자 국내 1호 내추럴 사이즈 모델로 활동하고 있는 치도, 국내에 처음 트레이닝 스튜디

오 'F45'를 소개한 대표 예림까지 규정할 수 없는 삶의 모습을 그대로 받아들이는 모험가들은 한껏 마음을 열고 이야기를 풀어놓았다.

이들의 이야기를 통해 위로받고 공감하고 힘을 얻은 나는 목표가 생겼다. 마흔을 코앞에 둔 나는 오십 대에 '인생의 절정기'를 보내고 있다는 마녀체력의 삶을 들으며 안도했다. 여전히 친구들과 해외 트레킹 여행을 다니고 새롭게 새벽 배드민턴의 매력에 빠져든 그녀의 생활을 엿보며, 나이 듦에 지레 겁먹지 말자고 다짐했다. 비슷한 결의 삶을 먼저 살아내고 있는 사람들의 존재를 확인하는 게 이렇게 중요하다.

F45 대표 예림은 "No risk, no story(위험이 없다면, 이야기도 없다)", 즉 위험을 감수하지 않으면 나만의 이야기는 존재할 수 없다고 했다. 두려움에도 불구하고 위험을 감수해 본 사람이 해주는 말에는 힘이 있었다.

모험가 지인을 만들면 벌어지는 일

WBC를 운영하며 우리가 누리는 가장 큰 혜택은 '모험나누장' 혹은 리트릿 캠프 연사 섭외를 핑계로 모험하는 사람들과 교류할 수 있다는 점이 아닐까 싶다. 생존 전투 예능 〈사이

렌: 불의 섬〉을 보고 반한 깡미부터 남극대륙 단독 횡단에 성공한 김영미 대장까지 섭외했으니! 어떨 때는 미래에 성사될 수 있는 콜라보를 미끼로(?) 평소에 내가 선망하는 모험을 이미 떠나본 이들한테 무작정 사심 가득한 DM을 보내기도 한다. 밴라이프를 하고 있거나 클라이밍을 업으로 하는 사람들과는 그냥 말이라도 섞어보고 싶은 거다.

한번은 유튜브에서 우연히 밴부부@vanbooboo 채널을 알게 됐는데, 인스타그램 계정을 팔로우하다 보니 LA에 곧 도착한다는 소식을 접했다. 밴라이프를 너무 잘 보고 있고 응원한다고, LA에 살고 있으니 이곳에 오면 커피 한잔이라도 사주고 싶다고 DM을 보냈다. 실제로 답장이 와서 너무 기뻤고, 급기야 우리 집까지 초대해 따뜻한 한식을 차려줬다. 한 번 본 사이지만, 한 번 봤다고 우리는 지금까지 종종 DM을 보내며 서로의 삶의 여정을 축복한다.

밴부부가 밴라이프를 끝내고 알래스카에 정착해 버리는 바람에 아직 한국에서 무언가 같이 해보진 못했지만(알래스카 원정 한번 열어볼까?), 나뿐 아니라 WBC 멤버들의 밴라이프 로망은 한국의 수향과 이어지는 계기가 됐다. 기아 봉고 12인승을 밴으로 개조해 살고 있는 수향과 실제 밴에서 자보는 백패킹 밋업을 연 것이다. 남자 친구와 밴을 개조해 3년간 유럽을 떠돌다 한국에 들어온 양똥@yang_nomadlife은 제1회 리트릿 캠프 참가자로 만났는데, 그 뒤 인연이 이어져 2024년에는 WBC 대표 포토그래퍼로서 모험의 순간을 기록해 줬다.

모험의 상상을 넓혀주는 사람들. '친구'까지는 아니어도 '지인'의 범주에 들어온 사람들은 나의 모험 지도에 구체적인 상으로 존재한다. 이들이 어떻게 모험하고 있는지 자세히 알수록, 나의 모험 지도에도 하나둘씩 새로운 경로가 찍힌다.

새로운 세계를 보여주는 사람

진작 저 세계를 알았더라면, 하는 무언가가 누구에게나 있지 않을까? 나에겐 그게 클라이밍이다. 산을 좋아했지만 '암벽등반'이라는 걸 이십 대까지 몰랐기에, 나에겐 클라이밍이 운동으로도, 취미로도, 꿈으로도 고려 대상 자체가 아니었다. 그러다가 (알고 보니 클라이머들의 성지인!) LA로 이사를 와서 남편의 직장 동료 덕분에 본격적인 운동으로 클라이밍을 접했다. 그는 실제 밴라이프를 하며 주중에는 회사 주차장에서 생활하고, 주말에는 아웃도어 클라이밍을 하러 산이며 사막으로 다니고 있었다.

동경하는 모습에 나를 대입해 보고, 그러면 신나는 상상이 시작된다. 클라이밍을 3년 정도 꾸준히 하다 보니 동경할 만한 사람이 주변에 생겼다. 나보다 더 오래 하나에 빠져서 그 진가를 이미 알고 있는 사람들이었다. 그들은 실내 암장에 만족하지 않고 진짜 바위를 잡아보기 위해 밖으로 나갔다. 다행히 초보인 나도 껴준 덕분에 LA 인근에서 대표적인 아웃도어 클라이밍 스폿은 한 번씩은 다 가봤다.

먼저 모험한 사람들, 그 타인의 호의에 기대어 클라이밍에 대한 나의 열망을 채워갈 때쯤, 한국에서 채울@_kimchewool이라는 사람을 만났다. 지영과 명해의 지인인 채울은 브랜드 후원을 받으며 등반 여행을 다니는 암벽등반가이자 아웃도어 모험가였다. 친해지고 싶었다. "WBC 리트릿 캠프에 초대할까?"라는 말에 잽싸게 "응!" 하고 답했다. 리트릿 캠프에서 그녀를 처음 만나 번호를 교환한 나는 채울이 인수봉에 암벽등반을 간다기에 바로 문자를 보내 따라갔다.

그렇게 같이 인수봉 바위에 붙어본 뒤로, 우리는 종종 서로의 모험 피드에 '좋아요'를 누르는 '지인'이 됐다. 몇 번 더 같이 등반할 수 있으면 좋았으련만, 나는 그해 진행한 마지막 시험관 시술에 성공해서 임신했다. 당분간 오르지 못할 인수봉. 내가 아이를 품고, 낳고, 육아에 지쳐 있을 동안 채울은 마지막 워킹홀리데이 비자를 받아 캐나다로 가서 온갖 모험을 하고 있었다.

어느 날 젖을 먹이고 우는 아기를 달래 재우고 방문을 닫고 나온 나는 녹초가 되어 소파에 누워서 습관처럼 인스타그램 앱을 켰다. 채울이 아찔한 봉우리에서 찍은 영상이 제일 먼저 보였다. "우리, 요세미티(LA에서 차로 7시간 떨어진 캘리포니아 북쪽에 있는 국립공원으로, 유명한 암벽 등반 코스가 많다)에서 만나요!"라고 채울이 슬쩍 말했던 게 생각났다. DM을 보냈다. 지나가는 말이 아니었던 걸 알기에, 우리는 하고 싶으면 하는 사람들이니까.

"캘리포니아에는 안 와?"

이 한마디에 채울의 답장이 폭포처럼 쏟아졌다. 스네이크 다이크(Snake Dike, 요세미티 국립공원에서 유명한 클라이밍 절벽)에 같이 가자며 모험 이야기에 신이 난 채울의 목소리가 랜선을 통해 들리는 듯했다.

발을 헛디뎠다간 죽을 수도 있는 모험에 대해 마음껏 이야기 나눌 수 있는 사람이 있다는 것, 그 사실만으로도 무슨 대단한 모험가가 된 듯했다. 남극 탐험을 위해 어느 루트로 갈까 계획을 세우듯, 내 인생에 아직 경험해 보지 못한 미지의 세계를 상상하는 시간 동안 아드레날린이 솟구쳤다.

하지만 나는 그녀의 스네이크 다이크 등반에 함께하지 못했다. 그 대신 채울의 후일담을 들었다. 채울은 자기는 운 좋게 살아 돌아왔지만, 그곳에서 3년 전에 미국 여성 1명이 낙하 사고로 뼈가 다 부러져 사망한 뉴스를 봤다고 했다.

그 말을 듣는 순간, 무턱대고 덤볐다가는 큰일나겠다 싶었다. 깔끔히 포기하고 요세미티에서 백패킹이나 하자고 했다. 스네이크 다이크는 지금부터 다시 훈련을 시작해서 마흔 살에 도전하겠다고.

2년이나 남았다. 내 삶이 꽤 괜찮아 보였다.

지영

운동을 사랑하던 소녀들은 어디로 사라진 걸까?

운동장을 빼앗긴 소녀들

돌이켜보면 운동장은 언제나 남자애들 차지였다. 하지만 안타깝게도 나는 점심시간이면 공기놀이를 하는 대신 혼자서라도 운동장에 나가 구름다리를 건너거나 철봉을 오르락내리락해야 직성이 풀리는 아이였다.

그러고도 부족해 남자애들이 하는 축구에 끼어들었다. 무리를 지어 공을 차던 남자애들은 내가 같이 축구를 하고 싶다고 하니 마지못해 '깍두기'로 끼워주었다. 그렇게 신나게 운동장에 뛰어 들어갔지만 아무도 나에게 공을 주지 않았다. 이해는 했다. 그 친구들도 이기고 싶으니 나에게 공을 줄 수 없었을 거다. 나는 그저 빈 발로 운동장을 뛰어다닐 뿐이었다.

중학생이 되어 처음 교복을 입던 날은 유독 설레었다. 단정한 블라우스와 매일 입어야 하는 치마는 어쩐지 나를 조신한 숙녀로 만들었다. 하지만 교복을 입고서는 마음껏 움직일 수 없었다. 함께 뛸 친구들마저 없어지면서, 5분만 남아도 들락거리던 운동장과 점점 멀어지기 시작했다.

고등학생이 되면서는 체육 시간조차 공공연한 자습 시간이 되었다. 당연하게 여자아이들은 운동장에서 뛰어놀길 멈췄다. 옆의 남학교에서는 체육 시간이든 점심 시간이든 틈만 나면 운동장에서 뛰고 공을 차는데, 우리는 왜 늘 교실에 앉아 있어야 했을까? 공부는 교과서만 열심히 달달 외우면 되는 것일까? 몸을 움직이는 방법이나 친구들과 몸으로 우정을 쌓는 방법은 학교에서 가르쳐주지 않았다.

잃어버린 야성을 찾아서

스마트폰이 세상을 장악하기 전, 방과 후에는 동네 놀이터에서 보내는 게 당연했다. 나는 집에서 동생과 '정글북' 놀이를 했다. 엄마는 이불 빨래를 하면 2층 침대와 피아노에 이불을 넓게 펼쳐서 말렸는데, 그 아래가 꼭 동굴 같았다. 나는 늑대 아이 모글리 대신 진짜 늑대 행세를 하며, 동생과 각각 동굴을 하나씩 차지하고 집 안을 네발로 기어다녔다.

왜 늑대였을까? 『늑대와 함께 달리는 여인들』을 읽으며 어릴 적 하던 놀이가 불현듯 떠올랐다. 그 책은 '야생의 여성'에 대해 이야기한다. 모든 여성에게는 본능적인 지혜, 직관, 창조성이 깃들어 있다. 그러나 현대 사회는 여성에게 순응과 억압을 강요하고, 결국 여성은 내재된 야성을 잃어버린다. 나 역시 운동장과 멀어진 이후 점점 더 조용히, 얌전히, 말 잘 듣는 학생이 되었다. 하지만 내 안의 늑대는 사라진 게 아니었다. 단지 오랫동안 나를 기다리고 있었을 뿐이라는 것을 자연 속에서 몸을 움직이며 느낀 충만한 기쁨이 일깨워줬다.

성인이 된 후에 나이, 직업, 출신과 무관하게 어울릴 수 있는 기회는 많지 않다. 특히 캠핑처럼 삶의 기술을 나누며 몸으로 연대하는 커뮤니티는 더욱 귀하다. WBC는 그런 연대를 위한 울타리이자 실험장이었다. 나 또한 누군가의 손짓을 따라 낯선 자연으로, 모험의 세계로 발을 내디뎠고, 그곳에서 다시 나를 찾았다. 성인이 되어 여성들과 새로운 우정을 나누고 자연 속에서 몸으로 연대하는 감각을 익히면서, 내 삶은 크게 달라졌다.

그것이 삶에 가져다준 충만한 변화는 어린 시절의 나를 떠올리게 만들었다. 예쁜 장소를 함께 다니는 것도 좋지만, 땀을 흘리고 숨을 고르며 함께 움직이는 그 순간 느꼈던 말이 필요 없는 유대, 몸으로 쌓는 우정을 나는 어른이 되어서야 비로소 알게 되었다.

이런 기쁨과 충만함을 내가 중학생, 고등학생 때부터 경험했더라면, 지금 내 삶은 얼마나 달라졌을까? 궁금했다. 내 안에서 자연스럽게 흘러나온 야성을 숨기거나 감추지 않고 함께 나누며 자랄 수 있었다면 나는 분명 지금과는 다른 어른으로 자라났을 테다.

자연스럽게 다음 꿈이 생겼다. 나는 또래 여성들뿐 아니라 나의 과거와 미래로도 손을 뻗고 싶어졌다. 그리고 그 과거가 어떻게 우리의 미래와 연결될지 상상했다. 그렇게 WBC를 운영한 지 3년 차가 되며 시야가 조금씩 넓어지기 시작했다.

다음 세대의 늑대들을 위하여

'여고생들과도 함께할 수 있을까?'

처음 시선이 닿은 곳은 우리의 과거였다. 한국의 여학생이라면 으레 그렇듯, 비슷한 입시와 학창시절을 겪으면서 움직임에 대한 갈망이 컸던 명해와 의기투합해 새 프로젝트를 꾸려 보기로 했다.

조금 막막했지만, 일단 시작해 보기로 했다. WBC 멤버 중 교사인 친구들이 여럿 있었다. 자문을 구하기도 하고, 관심 있을 만한 학교와 교사 커뮤니티를 소개받기도 했다. 우리가 여고생과 함께하는 아웃도어의 꿈에 대해 이야기하자 모두 흔쾌히 응원하며 지원을 해주었다. 그렇게 연이어 지원 사업에도 도전했고, 운 좋게 선정되었다.

첫 밋업은 국제학교 친구들과의 하이킹이었다. 북한산에 모인 학생들은 한국, 베트남, 중국, 말레이시아 등 국적까지 다양했다. 존재감을 빛내는 빨간 손수건을 각자 나눠 메고 산을 함께 오르기 시작했다. 대부분의 학생들에게 등산은 처음이었지만 누구랄 것 없이 각자의 언어와 방식으로 "파이팅!" "잘하고 있어!"를 외치며 서로를 격려했다. 처음엔 숨이 차고 발걸음이 더뎠던 친구들도 서서히 자신만의 리듬을 찾으며 자연스레 성취감을 느끼기 시작했다. 마지막에는 더 올라가고 싶다는 친구들을 달래며 하산할 정도로 반응이 뜨거웠다.

내친김에 여름 리트릿 캠프에서도 새로운 시도를 했다. '교실 밖 세상을 모험하고 싶은 여고생'이라는 포스터를 만들어 올리고 '모험장학생'을 선발했다. 리트릿 캠프에 참가하는 다른 여성들이 표를 구매할 때 모험장학생들을 위해 소정의 금액을 후원할 수 있도록 했다.

그렇게 모험장학생으로 선발된 두 여고생들은 함께 축제가 열렸던 진안으로 와 2박 3일 동안 텐트를 치고, 밥을 해 먹고, 축제를 즐겼다. 그들이 자연 속에서 다양한 세대의 여성들과 교류하며 연결되는 장면을 기쁜 마음으로 바라보았다. 그들의 빛나는 눈빛, 해사한 웃음에서 나는 미래를 보았다. 세대와 배경이 다른 여성들이 한자리에 모여, 몸을 움직이고 땀을 나누며 새로운 우정을 만들어가는 장면. 내가 오랫동안 꿈꿔오던 바로 그 모습이었다.

조금 더 꿈꿔볼 수 있겠다는 확신이 생겼다. 여자교사체육교육공동체 원더티처@wonderteacher_official를 꾸려가고 있는 해림과 만났다. 와일드우먼이자 원더티처의 멤버이기도 한 수민의 연결 덕이었다. 체육 교육을 더 잘하기 위해 선생님들이 자발적으로 교육 워크숍을 꾸리는 커뮤니티라니, 그 열정과 진정성이면 뭐라도 함께 해볼 수 있겠다 싶었다.

직접 만나 얘기를 들어보니, 요즘 학교에서는 스마트폰과 함께 자라나 친구들과 사귀는 방법을 잘 모르는 학생들 때문에 걱정이 많다고 했다. 친해지는 데는 자연 속에서 몸을 움직이며 부대끼는 게 최고인데! 마침 해림은 학교 분위기가 열려 있는 한 여고에서 근무 중이었고, 역시 새로운 교육에 관심이 많은 같은 학교 선생님을 소개해 주었다. 그렇게 서로

 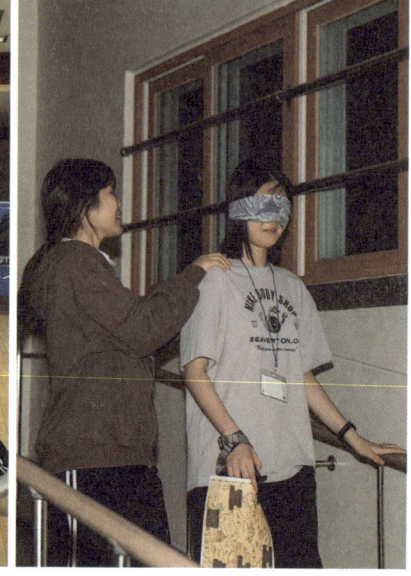

체육관 강당에서 처음 해보는 경험들을 하면서 아이들의 마음속 안전지대는 넓어졌고, 친구들과의 우정은 새 옷을 입었다.

의 꿈이 만나 학생 자치회의 캠프를 WBC의 방식으로 운영해 보기로 했다. 그렇게 졸업한 지 꽤 오랜 시간이 지나 여고 운동장을 밟았다.

학교에서 보내는 1박 2일은 어떤 모습일까? 우선 강당에 알록달록 텐트가 쳐졌다. 세 개의 부족으로 나뉘어져서 팀 대항전을 치르며 실컷 몸을 푼 이후에는 공포 버전의 오리엔티어링 시간이 이어졌다. 이 용감한 여고생들은 헤드랜턴 불빛 하나에 의지해 과학실, 미술실, 교실을 누비며 불이 꺼진 밤의 학교를 마구 누볐다. 선생님들은 좀비로 활약했고 아이들은 크게 놀라고 크게 웃음을 터뜨렸다.

그날 밤에는 1명도 빠지지 않고 모두 캠프파이어를 하듯 둥글게 둘러 앉아 늦은 새벽까지 스스로 자신들만의 놀이와 대화를 이어나갔다. 이날 몸으로 쌓은 추억이 이들에게 가까운 우정의 씨앗이 되길 마음 깊이 바랐다.

우리의 늑대는 늘 그 자리에서 우리가 달려오길 오래전부터 기다리고 있다. 우리의 방식으로 미래의 모험 동료들에게 손짓을 보낸다. 아직 늑대를 만나지 못한 어린 소녀들에게 그들 안에도 이미 달릴 준비가 된 야성이 있음을 몸으로 알려주고 싶다. 함께 달리고, 넘어지고, 다시 일어나는 그 모든 순간이 다시 우리를 야성의 세계로 데려다줄 테니까.

지영

사서 고생하는 사람들과
더 넓게 고유해지기

미처 몰랐던 무한한 움직임의 세계

WBC는 아웃도어 기반으로 시작했지만, 우리가 다루는 것이 '자연 속 캠핑'과 '백패킹'만은 아니다. 몸의 경계를 확장해, 세계를 다시 감각하게 만드는 움직임이라면 무엇이든 열린 마음으로 환영한다.

고대운동, 파쿠르, 오리엔티어링, 주짓수……. 우리가 컬래버로 열었던 액티비티 밋업들의 목록이다. 이 중에 들어보거나 해본 적 있는 운동이 있는가? 처음엔 우리도 생소했다. 하지만 이 운동들은 우리의 감각을 흔들고, 시야를 넓히고, 여성의 몸과 삶에 대한 고정된 상식을 바꾸었다. 생소했던 운동들이 '우리다운 움직임' 그 자체가 되는 것을 경험했다.

주짓수는 그 대표적인 예였다. '몸으로 하는 체스'라 불릴 정도로 전략적이고 섬세한 움직임. 상대를 넘어뜨리고 조르고 관절을 꺾는 과격한 기술이지만 그 안에는 민감한 신체 감각과 순간의 직관, 균형 감지가 있었다. 특히 FBI가 인정한 '여성이 남성을 이길 수 있는 무술'이라는 소개가 많은 여자들을 혹하게 했다. 물론 몸으로 익히는 생존 스킬로도 충분히 매력적이었다. 바이칼호수 트레킹을 함께 했던 윤선이 몇 년 사이 유수의 대회를 휩쓴 금메달리스트가 되어 WBC의 여자들에게 주짓수의 세계를 안내했다. 그날, 도복을 입은 여자들이 도장 바닥을 굴러다니며 서로의 중심을 밀고 당기는 장면은 낯설면서도 통쾌했다. 이토록 능동적이고 주체적인 움직임이 우리 안에 있다는 사실을 온몸으로 깨닫는 순간이었다.

파쿠르도 마찬가지였다. '길'이라는 뜻을 지닌 파쿠르는 도시의 지형지물을 넘나들며 새로운 움직임을 만들어내는 기술이다. 단순한 운동을 넘어, 나만의 길을 스스로 만들어간다는 점에서 우리 철학과 맞닿아 있었다. 국내 파쿠르 1세대 코치 지호를 통해 국내에 몇 안 되는 여성 파쿠르 코치인 로리, 나예를 소개받았다. 덕분에 와일드우먼들과 여러 차례 파쿠르를 함께하며 익숙했던 틀을 벗어나 몸을 움직이는 감각을 확장할 수 있었다. 높은 벽 앞에서 머뭇거리는 이를 다른 멤버가 다정하게 밀어주는 순간에는 연대감으로도 확장되었다.

소마틱스 교육자이자 고대운동 퍼포머인 한얼이 알려준 고대운동은 더 깊은 움직임의 근원으로 우리를 이끌었다. 이란, 인도, 러시아, 이스라엘 등 여러 전통에서 전해지는 원초적이고 의식적인 움직임을 현대적으로 해석한 움직임이었다.

그가 운영하는 국내 유일의 고대운동 커뮤니티 공간인 '힘의집@himuzip'에서 컬래버로 고대운동 밋업을 열었다. 클럽 같은 화려한 조명 아래, 시공간을 잊게 하는 테크노 사운드를 들으며 아름답게 조각된 방망이를 어깨에 들쳐 멘 여자들이 리듬에 맞춰 팔을 휘둘렀다. 리듬에 몸을 맡기고, 반복을 통해 자각의 힘을 길러가는 시간. 그 안에서 우리는 '운동'이라는 말을 넘어서, 원초적 감각과 집중, 그리고 자기 회복의 힘을 다시 발견했다.

'사서고생클럽'이 연결해 준 고유한 세계

이렇게 신선한 움직임들을 소개할 때마다 주위에서는 신기하다는 반응이 돌아온다.

"그게 대체 뭐야? 그런 건 어떻게 알았어?"

그러게 말이다. 특별히 찾아 헤맨 것은 아니었다. 주변에 그냥 그런 사람들이 있었을 뿐. 사서 고생하는 아웃도어 활동을 10년 넘게 해오며 다양한 사람들과 연결되었다. 말하자면 '사서고생클럽'이다. 그러면서 알게 된 건, 자발적으로 고생을 선택하는 이들의 삶은 결국 고유해진다는 것이다. 남들과는 다른 길을 선택하다 보니 삶의 결도 달라질 수밖에 없다. 무언가를 주어진 틀대로 소비하지 않고 직접 만들어가는 이들. 그들과 함께하는 모험은 언제나 예상 밖의 색깔을 만들어낸다.

예컨대, 백패킹 하나만 하더라도 '어떻게 걷느냐' '누구와 걷느냐'에 따라 전혀 다른 세계가 열린다. 신체적 도전을 경험할 수 있는 '빡센' 트레킹이 있는가 하면 '쉼'을 모토로 한 느슨하기 그지없는 트레킹 밋업도 열린다. 환경 커뮤니티 ffc@freakyfox.crew와 함께한 '지구를 지키는 안산 트레킹'은 트레킹과 제로웨이스트 실천을 결합한 시도였다. 환경에 대한 실천을 이어가는 이들의 이야기를 담은 책을 함께 읽고, 산길을 걸어 제로웨이스트숍 '알맹상점@almang_market'을 운영하는 금자 씨를 만나 환경과 삶에 대한 대화를 나눴다.

안동 금소마을에서는 한평생을 바쳐 전통을 이어온 삼베

장인 할머니들과 만나 여성으로서 삶의 서사를 나누며 공명하는 시간을 가졌다. 길고 긴 고난 속에서도 새롭게 피어난 삶과 예술을 향한 열정은 깊은 울림을 주었다. 타인에게 자신의 경험을 처음으로 공유하며 "가슴이 뛴다"고 말하던 할머니들과 그 이야기에 눈물 흘리던 참가자들은 서로에게 오래 남을 감정을 건넸다.

이 관계망은 예상보다 훨씬 유기적으로, 다채롭게 확장되고 있다. 누구와 함께 하는지에 따라, 주제는 아마 무한히 새로워질 수 있을 것이다. 그 다양성이야말로 WBC가 계속 생동하고 있다는 증표이지 않을까?

연결이 쌓이고 무르익으면서 그 연결을 연결하는 것만으로도 멋진 기획이 나오기도 했다. 지리산 백패킹 프로그램이 결정되었을 때, 제일 먼저 한 일은 지리산 입구에 아웃도어 편집숍 '올모스트 데어@a.m.t.here'를 운영하는 아라에게 연락하는 일이었다. 아라는 지리산 중턱에 엄청난 뷰를 가진 카페 사장님을 소개해 줬고, 덕분에 우리는 기가 막힌 경관 아래 프라이빗한 노지에서 캠핑하며 우리만의 깊은 추억을 쌓을 수 있었다.

트레킹을 마치고 내려오는 길에는 아라가 무려 6개월간 4,300킬로미터를 걸었던 PCT 트레킹 이야기를 들려주었다. 그걸 듣던 우리는 그날 지리산에서 고취된 감정이 새로운 꿈으로 옮겨붙는 순간을 함께했다. 그렇게 생겨난 기획과 연결은 이후 금산 간디학교에서 선생님으로 일하고 있는 수빈과 학생들이 지리산을 탐방하러 오는 일정과도 이어졌다.

계속되는 교집합의 세계

우리는 종종 묻는다. 'WBC가 앞으로 어떤 모습으로 변화하면 좋을까?' 사업화를 하거나 규모를 늘리는 등 여러 경우의 수를 따져 보지만 어느 것에도 선뜻 마음이 가지 않는다. 우리와 연결되는 사람들의 관심사도 갈수록 넓어지고 있다. 멤버로 만났던 이지는 노마드워커들을 위한 커뮤니티 노마드랑@nomadrang_을 만들고 있고, 정은과 혜수는 로컬에서 청년들을 위한 마을을 만들며 새로운 생태계를 꾸려나가고 있다. 생태·페미니즘·동물권에 관심 있는 멤버들이 삼삼오오 모여 만든 위계 없는 풍물패 '마고@good.mago'는 고유의 생명력을 가지고 느슨하게 넓어져 가고 있다.

이외에도 우리가 미처 알지 못하지만 자생적으로 번져가는 연결과 커뮤니티들이 지금도 계속해서 생겨나고 있다. 그들과 계속 함께하기 위해서는 WBC 또한 그만큼 넓어져야 한다는 이야기일 터.

2024년에 열린 리트릿 캠프는 그간의 모든 연결이 한자리에 모인 더 넓은 연대의 장이었다. 풍물패 마고는 거대한 캠프파이어 주변을 돌며 신명 나는 소리로 대화합의 장을 이끌었고, 음악과 소리라는 새로운 세계를 우리에게 연결해 주었다. 요가 명상 커뮤니티를 이끌어 나가고 있는 서홍@sound_bath_seoul은 사운드 힐링 세션을, 수련을 통해 환경, 동물권 단체에 기부하는 비건요가클럽@veganyogaclub의 서연과 가영은 요가 수련과 나눔을 전했다. 각자의 세계를 가진 고유한 우리가 만나 서로를 초대하며 더 넓은 생태계를 만들어 나가고 있다. 포함의 관계가 아닌 계속되는 교집합의 세계. 그리고, 우리는 그 연결을 통해 계속해서 넓어지고 있다.

살아 있는 모든 것들은 변한다. 우리가 고민을 계속하는 한, 우리가 만들어가고 싶은 커뮤니티에 대한 생각도 계속 변할 것이다. 세상에 없었기에 레퍼런스도 없다. 쉽고 편한 길을 두고 굳이 돌아가는 것 같지만 그 과정에서 우리는 우리다운 모습에 가까워지고 있다고 믿는다.

사서 고생하는 사람들이 고유한 세계를 가지고 있는 만큼, 사서 고생을 자처하며 우리 스스로 만들어가고 있는 커뮤니티 또한 고유할 수밖에 없다. 앞으로 변해갈 우리의 모양도, 속도도 지금은 예측할 수 없다. 하지만 우리는 믿는다. 아주 멋지게, 우리다운 모습으로 이 커뮤니티는 진화해 갈 거라고.

명해

커뮤니티 서비스 말고 커뮤니티요

요즘 여자 셋이 일하는 법

  덕적도에서 첫 백패킹 밋업을 치르고, 다니던 직장을 휴직했다. WBC에 본격적으로 임하기 위해서였냐고? 전혀. 그 길로 한국을 떴다. 진작부터 예정돼 있던 1년간의 세계여행을 떠난 것이다.

  오히려 내게 의외의 행보는 WBC였다. 긴 여행에 집도, 절도 정리하는 마당에 새 일을 벌일 줄이야. WBC에 한발 걸쳐 둔 채 노트북 가방을 둘쳐 메고 일단 출국했다. 그렇게 어쩌다 디지털 노마드, 자체 워킹 홀리데이의 삶이 시작되었다.

3월 오픈을 목표로 연초부터 멤버십 기획에 들어갔다. 산티아고 순렛길을 끝으로 유럽을 떠나 이집트 다합에서 한달살이를 하며 일에 집중하기로 했다. LA의 하늬와 한국의 지영의 시차를 고려해 적당한 회의 시간을 잡은 게 이집트 시각으로 새벽 4시였다. 3시 50분에 알람이 울리면 머리맡에 준비해 둔 노트북과 짐을 챙겨 숙소 라운지로 향했다. 부은 얼굴로 줌에 접속하여 비몽사몽으로 근황을 나누고 회의를 시작했다. 주에 세 번은 새벽에 일어나 두세 시간씩 회의하는 강행군이었다. 여행자들의 무덤이라 불리는 느긋한 다합에서 나는 가장 부지런한 여행자였을 것이다.

여러 대륙을 거치며 노마드 워킹 스킬도 나날이 업그레이드되었다. 새 도시에 도착하면 시차부터 계산해 회의 시간을 조정했다. 중요한 회의 날에는 가급적 나라 간 이동은 피했다. 탄자니아에 머물 땐 마을이 정전되는 바람에 자체 발전기가 있는 카페를 찾아다니는 난리를 겪었고, 남미에선 한국인 여행자가 버스에서 모든 짐가방을 도둑맞았다는 소식을 듣고 장거리 버스에 오를 때마다 팔뚝에 배낭을 묶고 잠들었다.

그나마도 노트북과 콘센트, 인터넷, 줌만 있으면 어디서든 일할 수 있는 21세기라 가능한 일이었다. 지구 곳곳에서도 우리의 랜선 모임은 이어졌고, 내 오랜 꿈이던 세계여행을 하면서도 새 프로젝트를 무사히 이어갈 수 있었다.

회사 밖으로 나가도 될까

 디지털 노마드나 워킹 홀리데이 라이프스타일에 큰 로망이 있었던 건 아니다. 이 경험이 소중했던 건, 바라는 삶을 살면서도 내가 하고 싶은 일을 할 수 있다는 희망을 봤기 때문이다. 직장을 그만둘 각오로 떠났던 세계여행에서 WBC라는 사이드 프로젝트로 디지털 노마드를 실험했다.

 그 실험으로 나는 1년 1원정, 육아와 일, 2도5촌 라이프 등 일 외적인 삶의 고유한 모양을 일 때문에 포기하지 않아도 된다는 가능성을 꿈꾸기 시작했다. 그렇게 처음으로 내가 원하는 삶과 일하는 방식을 고민해 보았다.

 회사에 다닐 적엔 일하는 방식에 선호랄 것이 없었다. 단정한(하지만 불편한) 옷을 갖춰 입고 지옥철에 시달리면서도 출퇴근하는 게 당연하다고 생각했다. 하지만 막상 100퍼센트 원격 근무를 해보니, 나는 눈 뜨자마자 모니터를 켜고 회의를 시작해도 능률이 좋고 또 그게 더 맞는 사람이란 걸 깨달았다. 동료들과 한 공간에서 부대끼며 잡담을 나누고 종일 동기화되어 일하는 것보다는, 각자 능률이 좋은 시간에 일하고 비동기화 상태로 소통하고 협업하는 게 더 편했다. 일정 관리나 마감 시한도 알아서 잘 지키는 편이었다.

 직장인의 불문율과 같은 9 to 6, 주 5일 근무, 연 15일 유급

휴가도 불변의 법칙인 줄 알았다. 그런 조직에 속해 큰 규모의 일을 경험하고 배우며 성장하고픈 욕구도 있었지만, 내 정체성이 듬뿍 담긴 '내 일'을 하고 싶기도 했다. 그러기 위해서라면 하루 8시간 근무하고 그만큼 월급을 받는 대신, 그 절반만 일하고 월급의 전반만 받아도 좋았다. 주 5일 대신 주 3일은 회사에서 일을 하고 이틀쯤은 내 일을 위한 시간과 체력을 확보할 수 있다면 어떨까. 조직에 속해 있다는 안정과 내 일을 키워가는 도전을 모두 취하고 싶었다.

그렇게 여행이 끝나고 조금은 용기가 차올랐지만 인생 첫 퇴사를 하려니 어찌나 무섭던지. 조직에 속하지 않고서도 나를 설명할 수 있을까? 내 일로 밥벌이를 하고 사회에 영향력을 끼칠 수 있을까? WBC를 비롯해, 하고 싶은 일이 아직은 어렴풋한 와중에 덜컥 퇴사부터 내지르는 게 맞나? 독립의 명분을 찾는 내게, 벌써 몇 해째 한국과 미국을 오가며 교육 쪽 일을 하던 선배 노마드 워커 하늬는 이렇게 말했다.

"내가 처음 직장을 그만두고 개인사업자를 내서 일을 시작했을 때 말이야. 계절의 변화를 감각할 수 있는 일상이 참 좋더라고. 일하는 시간과 일상을 스스로 결정하고 조율할 수 있다는 사실이, 그 자유가 좋아서 굳이 회사로 다시 돌아가고 싶지 않은 것 같아."

다종다양한 분야의 커리어를 거치며 이미 n번의 퇴사를 경험하고, 자신만의 공간을 운영 중인 n잡러 지영은 또 이렇게 말했다.

"언젠가 네 일을 하고 싶은 거면 그냥 지금 하는 것도 좋은 것 같아. 큰 조직에 가서 일을 배울 수도 있지만, 결국엔 그곳을 나와야 하잖아. 거기서 배우나, 여기서 바닥부터 부딪치며 배우나 오히려 이게 더 많이 배우는 길일 수도 있어. 그냥 지금 해봐."

하늬가 말한 자유가, 지영이 말한 배움이, 그때는 크게 와닿지 않았다. 오히려 두려웠다. 학교, 직장, 조직을 벗어나 내 이름으로 나를 설명해 본 적이 없었다. 그래서 사실 꼭 내가 원하는 만큼만, 원하는 방식으로, 원하는 형태로 일할 수 있는 조직이 있었다면 기꺼이 그곳으로 이직하거나 여전히 직장인으로 남았을 것 같다. 그런데 그런 곳이 없으니 만들 수밖에. 월급의 반만 받고 반만 일할 수 있는 조직이 없다면 내가 그런 조직을 만들자. 내가 일하고픈 스포츠, 아웃도어 분야에 프리랜서 기획자로 느슨하게 고용해 줄 고용주가 없다면 나를 고용할 조직을 만들자. 뭐, 그 정도의 생각이었다.

나와 하늬, 지영 모두 공교롭게도 WBC 일에만 100퍼센트 헌신하지 않는 사람들이다. WBC 일로 채워지지 않는 갈증은 저마다 개인 프로젝트로 풀어낸다. 게다가 하늬는 출산해서 한창 육아로 바쁜 시기였다. 나 또한 언젠가 아이를 낳게 된다면 내가 전적으로 WBC에 집중하지 못할 때를 대비해 0(퇴사) 또는 1(풀타임 근무) 식의 업무가 아닌, 좀더 유동적이고 합리적인 업무 시스템이 필요했다. 일을 벌인 만큼 수익과 인정을 받는 구조를 만들자. 우리가 바라는 삶에 꼭 맞는 모양의 커뮤니티 운영 형태를 고민하기 시작했다.

보스가 없는 조직이 가능할까?

상황 1. "저는 WBC가 아니잖아요."

종종 백패킹 밋업을 리드하는 멤버가 이렇게 말한 적이 있다. 말문이 막혔다. 맞기도 하고, 아니기도 해서다. 그녀가 WBC의 유료 밋업이나 멤버십에 참가비를 지불하고 참여한 멤버는 아니라는 점에서 맞는 말이다. 그가 우리의 '고객'은 아니다. 그렇지만 횟수로 따지자면 그 친구는 백패킹 밋업에 아마 가장 많이 참여했다. 백패킹을 수차례 리드하고 첫 리트릿 캠프의 스태프로도 함께해 준 그는 이 커뮤니티의 일원이 아닌가?

커뮤니티 멤버는 커뮤니티 서비스를 제공하는 생산자(운영진)와 소비자(참가자)에 국한되는가? 생산자도, 소비자도 아닌 그 경계의 동료들은? 생산자인 멤버와 소비자인 멤버 사이의 위계는 필연적인가? 그렇다면 커뮤니티에 '주인'이란 게 있나? 커뮤니티에 주인이 있어도 되나? 커뮤니티의 규모가 커지고 다양한 역할이 생겨나며 의문이 들었다. 커뮤니티의 경계는 어디까지일까?

상황 2. "멤버들끼리 따로 송년회를 한대. 벌써 열댓 명이 모였다나?"

멤버십 기간이 끝나고도 멤버들끼리 삼삼오오 캠핑을 다닌다는 얘길 들었다. 처음엔 기분이 묘했다. 베이스캠프에서 모험의 첫발을 뗀 이들이 동료들과 더 넓은 자연으로 떠나는 건 자연스럽고 반가운 일이다. 애초에 바랐던 '연결'이 제대로 일어났으니 말이다.

다만 염려라면 그들이 무리를 이루고 커뮤니티를 '떠난다'는 데 있었다. 경험과 정보, 동료를 얻었으니 더 이상 서비스를 구매할 필요가 없을 터. 그렇다면 이제 커뮤니티를 떠나면 되는 것인가? '소비자'였던 멤버들이 더 이상 무언가를 '소비할 역할'이 없으면 커뮤니티를 떠나는 게 당연한 수순일까? 멤버들과 계속 연결되려면 우리는 계속 다른 서비스를 '판매'해야 하나? 화폐 거래 방식의, 커뮤니티 서비스를 사고파는 것만이 커뮤니티 활성화의 유일한 방식일까? 혹은 그들에게 소비자로서가 아닌, 생산자로서의 다른 역할을 계속 만들어줘야 하나? 고민이 깊어졌다.

친분이 생긴 멤버들끼리 무료로 번개를 열고 사람을 모을 때, 그게 커뮤니티의 유료 서비스 모임과 겹칠 때는 더 난감했다. 멤버들의 자발적인 연결을 커뮤니티의 '경쟁자'로 삼는 게 옳은 일인가?

상황 3. "나는 더 이상 친구를 만들고 싶은 게 아니야."

활동 1년 차엔 지영이, 3년 차엔 내가 관계에 대한 피로를 번갈아 토로했다. 우리와 결이 맞는 '친구'를 찾고 싶어 시작한 일이었다. 하지만 커뮤니티 운영진으로 4년쯤 지내니, 새로 사귄 친구만 해도 평균 150이라는 던바의 수(인간이 안정적으로 관계를 형성할 수 있는 적정한 지인의 수)를 훌쩍 넘었다.

어느 시점에 이르자 자연인으로서의 나는 더 이상 벗을 사귀는 기쁨과 커뮤니티의 효용을 느끼지 못하고, 커뮤니티 운영진으로서 감당해야 할 역할과 책임만 무겁게 느꼈다. 그렇다고 WBC로 만난 인연을 '고객'으로만 바라보고 대하기에는 마음이 불편했다. 우리가 '비즈니스'가 아닌 '커뮤니티'에 방점을 찍었기에 더 그럴 것이다.

커뮤니티 서비스를 제공하고 커뮤니티를 꾸려가는 과정

에서 크고 작은 의사결정이 이어진다. 그러다 보면 커뮤니티 '리더'의 역할에 대해 고민한다. 어느 조직이든 효율적으로 의사결정하고 업무 분담이나 그에 따른 책임을 나누는 체계가 필요하다. 커뮤니티로서 지향하는 민주적이고 수평적인 조직 문화가 업무를 진행하는 과정에서도 100퍼센트 유효할까? 이런 고민들이 쌓여 WBC의 조직 구조에 대한 고민으로 이어졌다.

대안적 조직 구조로 고안한 게 DAO였다. DAO(Decentralized Autonomous Organization)는 전통적인 지배 구조를 대신한 탈중앙화된 형태의 자율 조직을 가리키는데, 중앙의 관리자 없이 공통의 목적을 가진 개인이 모여 투표를 통해 의사결정을 수행하는 유동적인 온라인 공동체다. DAO의 가장 큰 특징이라면 계층 구조가 없다는 것이다. 구성원들이 의결권을 가지고 결정하므로 수평적인 구조다. 흔히 블록체인 기술, 가상자산과 함께 주목받는 DAO 시스템이 우리가 꿈꾸는 커뮤니티의 조직 구조에 돌파구가 되지 않을까 기대했다.

마침 WBC 활동이 만 3년을 3개월 앞둔 2024년에 11명의 멤버를 새 운영진으로 들이는 파격적인 시도를 감행했다. 그중 1명인 애진이 웹 3.0 생태계에 오랫동안 관심을 두고 있던 참이었다. 그렇게 보스가 없는 조직을 꿈꾸며, WBC의 시즌 2를 꾸려갈 조직 구조 실험기가 시작되었다.

중심이 없는 조직 실험기

결론부터 말하자면, 다소 급진적인 조직 구조 실험은 5개월 만에 막을 내렸다. 꿈꾸는 이상에 비해 현실적인 고민과 준비가 충분하지 않았다.

14명의 운영진이 일순간에 평등해지기엔 WBC에서의 경험치가 달랐고, 의사결정 과정의 역량이나 주인의식도 같을 수 없었다. 자연스레 경험이 많은 기존 운영진에게 의사결정과 책임이 쏠렸고, 우리는 우리대로 이를 지혜롭게 나눌 여력이 없었다. 커뮤니티에 기여한 만큼 보상을 나눠 가질 시스템이 부족한 데다 민주적인 의사결정을 존중하고 책임을 나눌 만큼 서로에 대한 신뢰가 충분히 쌓이지 않았기도 했다.

우당탕탕 조직 실험기를 겪으며, 결국 우리가 '함께 만들어가는 커뮤니티'를 꿈꾼다는 걸 깨달았다. 비즈니스보다 커뮤니티성에 방점을 찍어 운영하자고 결정한 이상, 단순히 서비스를 제공하고 돈을 버는 일이 아닌 '자생하는 커뮤니티'를 만들어야 했다.

커뮤니티를 운영하는 등의 노동에는 명확한 보상이 주어져야겠지만, 이윤을 극대화하기 위해 모든 연대의 행위가 돈으로만 거래되길 바라지 않았다. 생산자와 소비자, 서비스를 제공하고 그 대가로 비용을 지급하는 방식 너머에, 우리가 꿈

조금 오래 걸리더라도 우리는 함께 만들어가는 커뮤니티가 되기로 했다.

꾸는 커뮤니티에 어울리는 새로운 경제 원리를 고민한다.

커뮤니티가 호혜성을 토대로 한 경제 원리 위에 꾸려지길 바란다. 너무도 익숙해진 화폐 거래 방식 너머의 관계 맺음을 상상하길, 다정한 호혜성과 상호 돌봄의 태도로 멤버들도 역할의 경계를 넘나들며 다양하게 기여하고 상호 관계하는 커뮤니티를 함께 만들어가길, 주체적인 삶의 경험치를 늘려가고자 하는 커뮤니티 취지가 무색하지 않게 생산자와 소비자, 소유자와 참여자, 사장과 직원의 경계를 허물길 꿈꾼다. 그래야만 커뮤니티 서비스가 아닌 진짜 커뮤니티로 존재할 수 있을 거라 믿는다.

5개월간의 조직 실험기는 다소 급하게 마무리되었지만 WBC를 경험한 멤버들이 제비처럼 돌아와 커뮤니티의 외연을 확장하는 경험을 마주했다. 다양한 구성원이 어울려 살며 커뮤니티 라이프를 제안하는 웰니스 뉴리빙 커뮤니티 맹그로브@mangrove.city에서 커뮤니티 매니저로 일하는 멤버 하영의 제안으로 등산 밋업을 열었다. 스타트업을 위한 팝업스토어 마루콜렉트의 'Play your way: 내일의 응원단' 팝업에 참여한 것도 마루에서 일하는 멤버 하미의 연결 덕분이었다.

이렇게 멤버들은 커뮤니티 서비스를 소비하는 수동적인 존재로 남는 대신 자신의 삶에서 커뮤니티와 연결점을 모색하고 성장하고 함께 이야기를 만들어가는 씨앗을 심는다.

함께 만들어가는 커뮤니티는 결국 진심과 시간 위에 지어진다. 우리가 파는 게 관계라면, 그 관계가 무르익는 데는 세월이 필요하다. 느슨하고 뭉근한 사이를 꿈꾸며 커뮤니티가 섣불리 확장되기보단 그 안의 마음이 숙성될 시간을 기다린다. 조금 오래 걸릴지언정 우리다운 모양의 커뮤니티를 꾸려갈 수 있길. 커뮤니티 비즈니스든, 웹3.0이든, 새로운 형태의 조직 구조든, 진짜 커뮤니티를 만드는 건 결국 서로의 모험을 지지하는 순수한 마음일 테니까!

하늬

자연과 모험에도 소유권이 있다면

여성 셰르파들이 가르쳐준 것들

모험하는 여자들의 커뮤니티. 우리가 만든 이 커뮤니티를 갈망하고 동경하고 필요로 하는 여자들이 지난 5년간 꾸준히 들락날락했다. '모험하는 여자들이 이렇게 많다고?' 하며 놀라기도 했지만, '모험을 원하는 여자들이 이렇게 적다고?'라며 탄식한 적이 더 많았다. 여성으로서 자유롭게 모험에 대한 욕망을 노출할 수 있는 곳은 처음이라고 말하는 와일드우먼들을 보면서 '왜?'라는 질문을 던지지 않을 수 없다.

'왜 여성은 모험 앞에서 몸을 사릴까?'
'왜 여성은 모험에서 멀어졌을까?'

여성의 몸과 모험의 상관 관계에 대해 큰 깨달음을 준 경험이 있다. 아빠와 네팔 히말라야 트레킹을 갔던 2016년, 고산은 둘 다 처음이라 5박 6일 동안 짐을 다 메고 걷는 건 무리일 것 같아서 셰르파(네팔에서 히말라야 산맥을 등산하는 사람들을 가이드하는 현지인을 부르는 말) 서비스를 이용하기로 했다.

셰르파를 쓴다면 무조건 '스리 시스터스(Three Sisters)'였다. 지인을 통해 우연히 알게 된 곳인데, 말 그대로 3명의 자매가 시작한 히말라야 트레킹 서비스다. 1994년에 시작해서 지금까지 꾸준히 여성 셰르파를 고용하고 교육함으로써 네팔 현지 여성의 인권 증진에도 기여하고 있다.

해발 고도가 높은 네팔의 지역적 특성상 남녀노소 불문하고 산에 적응하며 살아왔으니, 여자라고 해서 셰르파가 되는 게 특별한 일이 아니다. 그래서 네팔에 간다면 이들의 문화도 배울 겸 여성 셰르파를 꼭 만나 보고 싶었다. 아빠와 나에게 배정된 셰르파는 한눈에 봐도 나보다 한참 어린, 키가 내 가슴에 닿을 만큼 체구가 작은 사람이었다. 우리의 짐을 자기 키보다 큰 가방에 옮겨 담는데, 미안한 마음이 드는 동시에 무거워서 쓰러지지는 않을까 온갖 생각이 들었다.

그런데 웬걸, 그녀는 5박 6일 동안 우리 앞에서 걸으며 적절히 속도를 조절해 주고, 중간중간 어디서 쉬면 되는지, 오늘 밤은 어느 지점의 로지(lodge)에서 자면 되는지까지 여행 루트를 모두 책임져 줬다. 그야말로 산 전문가였다. 오히려 고산병은 아빠가 앓았다. 마지막 푼힐(Poon Hill) 정상을 앞두고 새벽 일출을 보기 위해 일찍 일어나 나갈 채비를 하는데 아빠는 머리가 아파서 못 가겠다며 두 손 두 발 다 들었다.

이 여행 이후로 은연중에 내가 갖고 있던 편견이 벗겨졌다. 여성의 체구와 체격은 모험의 크기와 비례하지 않는다는 사실!

여자도 산에 오를 수 있는데요

그동안 등반 및 아웃도어 스포츠에서 여성들이 얼마나 소외되었는지는 남성들이 세운 기록과 여성이 그에 도달하거나 새로운 기록을 세운 연도를 비교해 보면 쉽게 알 수 있다. 에베레스트 등정은 남성이 1953년, 여성이 1975년으로 22년 늦고, 8,000미터급 14좌 완등은 남성이 1986년, 여성이 2010년으로 24년이나 차이가 난다. 최근에는 격차가 줄었다고는 하지만, 스포츠 클라이밍 역시 초기에는 여성의 기록이 10년 이상 뒤처졌다.

이렇게 젠더에 따라 많이 차이가 나는 이유가 무엇일까? 이들이 오른 산은 그 누구의 것도 아니요, 남녀 모두에게 열려있는 공간이었는데 말이다. 신체 능력 차이라고만 하기에는 자금, 장비, 사회적 지원 등 여성들에게 도전할 수 있는 기회 자체가 명백하게 적었다고 할 수 있다.

최근까지도 미디어 노출 및 스폰서를 구하는 일조차 같은 성취를 이룬 여성 등반가가 남성보다 훨씬 더 어려움을 겪기도 한다. 남성은 잡지 표지, 다큐멘터리, 브랜드 계약 등을 통해 대중 인지도를 높이고 수입을 창출한다. 반면, 여성은 같은 성과를 내고도 무명에 가까운 경우가 많다.

예를 들어, 클라이머 알렉산더 호놀드(Alexander Honnold)와 앙겔라 아이터(Angela Eiter)의 대중 인지도를 보면 알 수 있다. 호놀드는 2017년 엘 캐피탄(El Capitan)을 혼자서 등정했는데, 900미터 암벽을 밧줄과 보호 장비 없이 맨손으로 올랐다. 위험한 만큼 여러 매체에 비춰졌다. 하지만 같은 해에 라 플란타 데 시바(La Planta de Shiva) 9b를 여성 최초로 등반한 아이터는 어떤가. 9b는 암벽 루트 중 세계 최상위 난이도로, 등반계에서는 찬사를 받았지만 대중 매체에서는 많이 다뤄지지 않았다. 9b 등반은 현재까지도 전 세계 클라이머 중 1퍼센트도 안 될 정도로 고난이도의 코스다.

상황이 이렇다 보니 LA에서 열리는 클라이밍 관련 행사를 찾다가 여자들만 모이는 클라이밍 페스티벌을 발견하고 너무나 반가웠다. 남성 중심으로 발전한 클라이밍 스포츠의 역사를 알기에 여자들만 가득한 단체 사진이 생소했지만 그 사진을 보고 심장이 떨릴만큼 설렜다.

같은 문제의식으로 결성된 '플래시 폭시(Flashy Foxy)'라는 단체가 2016년부터 지금까지 아웃도어 클라이밍의 성지인 비숍(Bishop)에서 매년 여성 클라이밍 페스티벌을 열고 있었던 것이다. 처음 이 아이디어로 티켓을 오픈했을 때는 준비한 자리가 순식간에 모두 찼을 만큼 인기였다고 한다. 해가 거듭할 수록 규모가 커져 많게는 450명까지 모였다.

궁금한 건 못 참는 성격이라, LA 백패킹 멤버들에게 메시지를 남겼다. "같이 갈 사람!" 3명이 모였다. 나는 배가 제법 나온 임신 6개월 차였지만, 어디론가 떠나고 싶기도 해서 클라이밍은 못 해도 분위기라도 느끼며 에너지를 받으려고 함께 비숍으로 떠났다. 개회사가 흘러나오고 있는 행사장에 들어가는 순간, 한쪽에 수화로 동시 통역을 하고 있는 사람이 눈에 제일 먼저 들어왔다. 아웃도어 행사에 수화 통역이라니! 아차 싶었다.

'모두를 위한'이라는 말을 사실 우린 얼마나 제약해서 쓰고 있었는가. 이내 이곳에 어떤 사람들이 모였는지에 눈길이 갔다. 내 인생에 이렇게 다양한 여성의 모습을 본 적이 있었나 싶을 정도로 누구를 갖다 놔도 어색하지 않을 그룹이었다. 배가 부른 채 간 나 역시 환대받았다. 지나가는 사람마다 곧 태어날 딸 아이의 아웃도어 라이프를 축복해 주었다. 2박 3일의 프로그램은 몸을 움직이는 활동 외에 본래 이 지역에 살고 있던 원주민 환경 단체들을 알리고 교류하는 시간을 갖도록 짜여 있었다. 누구 하나 소외된 사람들이 없도록 애를 쓴 게 눈에 보였다.

이들은 이미 알고 있었다. 자연과 모험에는 소유권이 없다는 것을.

여자도 탐험할 수 있는데요

아웃도어 역사를 읽다 보면 죄다 남자들이라 그 책을 들고 있는 여자인 내가 생소하게 느껴지기까지 한다. 그중 대표적인 모험담이 바로 1968년 파타고니아 자동차 여행이다.

지금은 모르는 사람이 없는 브랜드가 된 노스페이스와 파타고니아의 창업자인 더글라스 톰킨스(Douglas Tompkins)와 이본 취나드(Yvon Chouinard)가 3명의 친구와 함께 떠났다. 물론 모두 남자였다. 샌프란시스코에서 칠레의 파타고니

아까지 6개월에 걸쳐 장거리 여행을 했는데, 당시 톰킨스는 샌프란시스코 해변에서 작은 등산용품점을 운영하고 있었고 취나드는 작은 대장간 사장이자 공장장으로 일했다. 이들은 파타고니아에서 피츠로이 신루트를 개척하며 기록을 세우고, 그때의 여행에서 영감을 받아 아웃도어 의류 및 장비 브랜드를 키웠다.

아웃도어의 역사에서는 어김없이 백인 남자들의 치기 어린 우정과 도전이 가득한 모험담이 등장한다. 그때마다 나는 묻는다. 이 시기에 여자들을 무얼 하고 있었을까?

1960년대 여성은 산악회나 탐험대에 포함되지 못했다. 여성의 등반 기록은 많지 않고, 있더라도 '특이한 사람'으로 취급받았다. 남성으로만 구성된 원정대에 여성이 낄 자리는 없었다. 여성은 모험지보다 가정에 있어야 한다는 암묵적 요구가 강력하게 작용했기 때문이다.

1910년에 설립된 보이스카우트와 그로부터 2년 뒤 설립된 걸스카우트의 활동을 보면, 100년 전과 지금이 크게 다르지 않다. 보이스카우트는 탐험, 생존 기술, 지도 읽기를 했고, 걸스카우트는 가정 경제, 요리, 사회봉사 활동을 했다.

역사상 공식적으로 전원 여성으로 꾸려진 첫 히말라야 고봉 원정대는 1978년에 등장했다. 알린 블룸(Arlene Blum)이 이끈 미국 여성 히말라야 원정대(American Women's Himalayan

Expedition)는 8,091미터의 안나푸르나 I 정상 등정에 성공했다.

젠더 격차를 줄이기 위한 여성 등반대는 전 세계에 존재한다. 미국의 AW엑스피디션스(AWExpeditions), WHOA트래블(WHOA Travel), 어드벤쳐스인굿컴퍼니(Adventures in Good Company), 캐나다의 와일드위민엑스피디션스(Wild Women Expeditions) 등이 있다. 싱가포르의 WOAM(Women on a Mission)은 여성 생존자 지원을 목표로 하는 비영리 단체로, 전 세계에서 여성만의 탐험을 조직한다. 2023년에는 12개국 17명의 여성으로 구성된 팀이 나미브사막을 도보로 횡단하여 기록을 세우기도 했다.

여성의 관점으로 보면 톰킨스와 취나드의 파타고니아 여행은 누가 그 모험에 포함될 수 없었는가에 대한 질문을 던진다. 자연과 모험에 가까워질 기회가 동등하지 않았다는 사실 자체가 지금의 아웃도어 신에 존재하는 불평등한 구조를 증명한다. 우리가 할 일은 '여성도 할 수 있다!'를 보여주는 게 아니라, 처음부터 왜 못 하게 됐는지 묻고 그 구조를 다시 설계하는 것이다. 그 일을 수많은 여성 원정대가, 여성 아웃도어 커뮤니티가, WBC가 하고 있다.

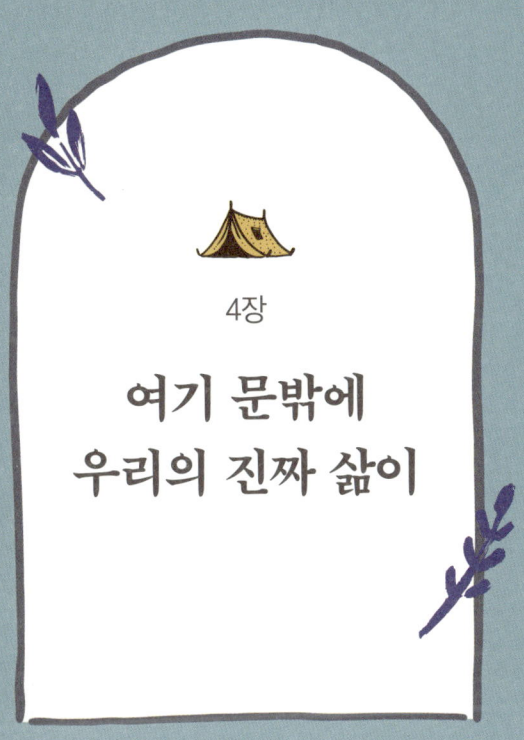

4장

여기 문밖에 우리의 진짜 삶이

"진정한 탐험은 새로운 땅을 찾는 게 아니라
새로운 시야를 찾는 것이다
(The real voyage of discovery
consists not in seeking new landscapes,
but in having new eyes.)."
— 마르셀 프루스트

하늬

엄마가 되어도 모험할 수 있을까?

진짜 아이가 생겨버리면 어떡하지?

WBC를 운영해 온 5년간, 삶에서 단행한 가장 큰 모험이 있다면 아이를 갖는 일이었다. 어쩌면 나처럼 불안정한 것을 쫓고 위험한 일도 마다하지 않는 사람이 엄마가 되고 싶어 한다는 게 선뜻 이해되지 않을 수도 있지만, 단언컨대 임신과 출산은 내가 살면서 겪은 어떤 모험보다도 강렬했다. 그렇기에 모험에 관해 쓰는 이 책에서 그 이야기를 빼놓을 수가 없었다.

2022년 가을, 임신이 됐다. 매달 임신을 시도했던 4년간 장기적인 일을 계획할 수도, 선뜻 모험의 장정을 떠날 수도 없어 우물쭈물했다. 노력해도 되지 않는 게 있다는 사실보다, 어정쩡한 마음 탓에 아무것도 제대로 하지 못하는 내 모습이 더 힘들었다.

한국에서 시험관을 해보기로 결심하고 나서는 모든 일상이 난자 채취와 배아 이식에 맞춰 돌아갔다. 이번엔 아이가 생길지도 모른다는 기대감도 있었지만, 진짜 아이가 생겨버리면 한동안 아웃도어 라이프는 완전히 포기해야 한다는 사실에 슬픔을 느끼는 나 자신이 어이가 없었다. 그토록 아이를 바라는 사람이 맞나 의심될 정도였다. 하지만 어쩌랴. 이것도 저것도 다 원하는 게 나인데.

언제 될지 모르는 임신 때문에 안 하고 후회하느니 뭐든 해보기로 했다. 그래서 나는 애매하게 기다려야 하는 그 기간을 WBC로 채웠다. 배아 이식 전, 그리고 비임신을 확인한 후에는 북한산 산행, 지리산 캠핑, 한강 달리기 등으로 달력을 채워나갔다. 언제든 번개를 치면 같이 몸을 움직이러 갈 사람들이 있다는 사실이 든든했고, 처음 보는 사람들과 새벽 공기를 마시며 알아가는 재미가 쏠쏠했다. 산에서 보는 민낯은 상대를 더욱 투명하게 보여주었다. 마음속 불안도, 시험관 시술로 인한 스트레스도 털어낼 수 있었다.

2021년에 시도한 두 번의 시험관 시술이 잘되지 않았고 남은 두 개의 냉동 배아는 그다음 해에 한 번 더 이식해 보기로 했다. 2022년 여름, 첫 WBC 리트릿 캠프 날짜를 먼저 잡고, 시험관 일정을 그 뒤로 잡아 한국행 비행기 표를 샀다. 이렇게 '내 몸'과 관련한 데드라인이 생기니 매 순간 최선을 다해 그 시간을 온전히 누리고 싶었다.

그해 여름, 아이가 생길지도 모르는 자유의 몸을 불태워 100명의 와일드우먼들이 처음 모인 리트릿 캠프를 치렀다. 가벼운 마음으로 나 혼자 한국에 와서, 내가 하고 싶은 걸 할 수 있는 마지막 기회라 여기며.

진짜 마지막으로

누가 보면 처절하다고 할 만큼, 임신 후에는 바깥 활동은 끝이라는 듯 '마지막으로'라는 단어를 늘 붙였다. 시한부 선고를 받고 버킷리스트를 체크해 가는 심정이랄까.

리트릿 캠프가 끝나고 병원에 가기 전에 마지막으로 한 일이 생애 첫 북한산 인수봉 등반이었다! 아웃도어 등반은 한 번도 안 해본 나는 채울에게 데려가 달라며 무작정 날짜를 잡았다.

나는 3년 정도 꾸준히 볼더링(로프 없이 맨손으로 바위에 오르는 클라이밍의 한 종류)을 했는데, 전혀 다른 테크닉을 요하는 등반은 처음이었다. 봉우리 중에서도 북한산 인수봉은 등반으로만 갈 수 있는 상징적인 루트였고, 한국에 온 김에 꼭 해보고 싶었다.

걱정이 많은 남편에게 미리 말하면 못하게 할까 봐 그날 산에서 영상통화를 했다. "여기 올라갔다 올게! 걱정 마, 잘하는 친구랑 같이 온 거야!" 막상 시작점에 서서 위를 올려다보니 아찔했다. 터질 것 같은 심장을 부여잡고, 이미 여기까지 온 거, 지금 아니면 기회가 없다고 되뇌었다.

한 발 한 발 올라 인수봉의 동쪽 면 큰 바위의 좌측 루트인 약 97미터 높이의 인수B길을 등반했다. 정상에 오르자, 저 멀리 걸어서 올랐던 백운대가 보였다. 인수봉에 붙어 있는 클라이머들을 보며 입맛만 다셨는데, 그중에 한 사람이 내가 되다니! 지금도 믿기지 않는다.

인수봉 등반까지 했으니 이제 내 몸은 어떻게 돼도 여한이 없다는 마음으로 시험관 시술을 준비했다. 착상이 잘되는 자궁을 만들기 위해 여성호르몬 주사를 맞는 기간에, 나는 진짜 마지막으로 WBC 친구들에게 SOS를 쳤다.

"우리, 캠핑 가자."

마침 '웰니스'를 주제로 하는 축제가 강릉에 열리고 있어서 분위기도 볼 겸 같이 갈 사람들을 모았다. 그중에서도 마음 잘 맞는 4명이 하룻밤을 보냈다. 지영, 혜미, 은진까지 솔밭 데크에 텐트를 쳐놓은 뒤 바닷가 모래사장에 각자 캠핑 체어를 가지고 모였다. 주사 공포증이 있는 나를 위해 지영이 공중 화장실에서 내 배에 주사를 놔줬던 것 말고는, 우리가 그날 밤 무슨 이야기를 나눴는지 기억도 나지 않는다. 그저 파도 소리를 듣고 어묵탕을 먹으며 "아, 좋다!"라는 말만 계속 내뱉었을 뿐. 대단한 안줏거리, 이야깃거리가 없어도 이렇게 같이 앉아 깔깔거리는 모습이 웃기고 좋았다.

아이가 없는 지금, 이렇게 어디론가 떠나고 싶을 때 10월의 바닷바람을 맞으며 야외 취침을 하자고 불러낼 수 있는 친구가 있다는 데 만족했다. 그다음 일은 그때 걱정하지, 뭐. 내 몸이 어떻게 변하든, 내 삶이 얼마나 고달프든 자연으로 불러낼 수 있는 친구가 있으면 잘 산 삶이 아닌가 생각하며 나는 캠핑에서 돌아왔다. 그런데 몇 주 뒤, 은진한테 연락이 왔다.

"하늬야, 나 토끼 맘 됐어."

아, 그게 '엄마 전 시절'의 진짜 마지막 캠핑이 될 줄이야.

임신한 몸이라는 모험

 자궁에 배아를 이식한 후 가장 먼저 취소한 일정은 WBC 시즌 2 멤버십 시작을 알리는 캠핑이었다. 이번에는 아기가 자궁에 잘 붙어 있기를 간절히 바랐다. 왠지 밖에서 몸이 차게 자면 안 될 것 같았다(침낭이 집보다 따뜻했으려나). 임신을 확인한 은진에게서 파타고니아로 트레킹을 가려고 미뤄둔 신혼여행을 취소했다는 소식을 들었다. 우리가 이렇게 몸을 사리게 되다니, 역시 아이가 생기기도 전부터 새로운 모험은커녕 원래 하던 것도 못하는구나. 씁쓸했다.

 막상 임신을 하고 보니 아기를 위해 뭔들 참지 못할까 하는 복잡한 감정이 들었다. 초기 유산을 한 적도 있었던 터라 심장 소리를 확인하고는 안도되는 마음에 진료실에서 오열을 했다. 몸을 조심, 또 조심 하면서 매주 병원에 들러 두 배씩 폭풍 성장하는 찰떡이를 보고 나서야 임신에 성공했다는 사실이 믿겨졌다. 조금씩 불러오는 배와 임신으로 인한 몸의 세밀한 변화가 전부 신비하고 감사하기만 했다.

 그토록 바라던 아이가 생겼는데, 앞으로 아이에게 매여 내가 하던 걸 못 할까 봐 두려운 마음이 드는 건 어쩔 수 없었다. '독박 육아' '경력 단절' '산후우울증'이란 단어가 하도 만연하다 보니 내가 선택한 길이지만 겪어야 할 일에 두려움이 앞섰다. 그런 두려움을 떨치기 위해 배가 불러오는 만큼 나만의 유난스러움은 커져갔다. '임산부' 카테고리에 갇히는 게 싫어서, 임산부 요가가 아닌 클라이밍 짐에 딸린 요가 클래스를 듣는 식이었다. 클라이밍은 못 하지만 임신했다고 클라이밍 짐에 못 들어가는 건 아니니까.

그리고 대부분의 임산부들이 아기를 돌보는 데 거슬린다며 긴 머리를 짧게 자르는데, 나는 10년 넘게 벼르던 언더컷을 해버렸다. 긴 머리를 들어 올리면 안에 '짠!' 하고 나타나는 반삭 헤어스타일의 쿨한 엄마가 되고파서.

배 속에서 요동치는 찰떡이의 발길질에 설레기도 했지만 이 아이가 태어나서 아웃도어 활동을 같이 하려면 몇 년이나 기다려야 할까, 돌이 되기 전까진 집에만 박혀 있어야 할까 하는 생각에 금세 우울해지기도 했다. 그러다가 인스타그램 알고리즘의 도움으로 해외 엄마 계정들을 보게 됐다.

걸어다니는 첫째와 신생아인 둘째를 메고 백패킹을 하는 유타의 아웃도어 맘 인플루언서 헤일리@haileyoutside의 포스팅을 보면서 새로운 세계가 열리는 느낌이었다. 신생아와 백패킹을? 뭐든 마음먹기에 달렸구나!

어느 날은 남편이 WBC의 미래라며 블로그 링크 하나를 보내주었는데, 덴버의 아웃도어를 좋아하는 엄마들이 어린 자녀들과 함께 등산하는 '와일드 카인드(Wild Kind)'라는 모임이었다.

찾아보니 미국에는 아웃도어 엄마 모임들이 꽤 있었다. 이들을 보면서 아이가 있어도 모험할 수 있다는 자신감이 생겼고, 오히려 아이와 함께 자연을 누릴 수 있다니 일석이조다 싶기도 했다. 평소에도 친구들에게 자연과의 첫 경험을 시켜주는 걸 좋아하는데, 태어나서 모든 것이 새로울 한 생명에게 지구의 아름다움을 소개할 순간이 점점 기대되기 시작했다.

엄마의 취미 생활은 계속될 수 있을까

아이를 낳고 초기에는 아무것도 할 수 없었다. 자연분만을 했는데 출혈이 심해서 생사의 고비를 넘겼기에 내 몸을 회복하는 게 우선이었다.

집에만 있기를 한 달. 꼭 참석해야 하는 친구 결혼식을 앞두고 소파에 누워서 모유 수유가 가능한 꽃무늬 드레스를 주문했다. 그날을 기점으로 나는 아이와 밖으로 나가기 시작했다. 100일 전에는 엄마도 아기도 나가면 안 된다는 한국의 불문율을 깨고, 내가 답답하지 않기 위해 나갔다. 처음으로 세 식구가 식당에 가서 외식도 하고 비슷한 월령의 아기를 둔 친구도 만났다.

슬슬 몸이 근질거리기 시작할 때쯤, 헤일리의 포스팅 하나가 내 눈길을 사로잡았다. 하이킹을 같이 갈 엄마 서포트 그룹이 필요한 사람들은 댓글로 지역을 남기라는 글이었다. 엄청난 수의 댓글에 하염없이 스크롤을 내리던 나는 손가락이 떨렸다. 무려 1,000개! 폭주하는 반응을 보며 다들 갈급했구나 싶었다. 어느 나라에서든 아웃도어 활동을 아이와 함께하는 엄마들은 많지 않다는 게 느껴졌다. 10명이 안 되는 인원이긴 했지만, 미네소타 엄마들도 대댓글로 모였다. 내가 임신 30주 차에 미네소타로 이사를 왔으니, 이렇게 적극적으로 찾지 않았다면 같이 아웃도어를 할 엄마 친구를 찾을 수 없었을지 모른다.

과연 100일도 안 된 아기와 함께 하이킹할 수 있을까? 긴가민가하며 모임 장소에 나갔다. 아기띠도 이날 처음 메봤다. 막상 가보니 하이킹이 아닌 공원 산책에 가까웠다. 헛웃음이 났다. 그러고 보니 미네소타는 산이 없는 평지였는데 뭐 때문에 긴장한 거지? 아쉽긴 했지만, 나무가 정말 많아서 도시 한가운데 있는 공원인데도 숲속에 들어온 느낌이 들었다. 트레일 입구에 서자, 초록색이 쫙 펼쳐진 공기가 콧속으로 들어왔다. 너무 좋아서 눈물이 핑 돌았다. 3킬로미터 정도 걷고 미시시피강에 발도 담가봤으니, 기분 전환으론 충분했다.

모임을 주관한 사라@hiking.thru.life는 첫째를 등에, 둘째를 앞에 메고 등장했는데, 이미 개인 계정을 운영하며 아이와 함께하는 하이킹 전도사를 자처하는 사람이었다. 우리는 공통의 관심사로 금세 친해질 수 있었다. 덕분에 아이와 함께하는 하이킹과 캠핑에 필요한 팁도 얻고 다양한 장소도 추천받았다. 사라의 모험담(그녀에겐 아이들과의 일상이 되어버린 자연 체험학습 이야기)을 듣고 있자니 나도 어디든 갈 수 있을 듯 자신감이 생겼다.

아기가 징징댈까 봐 걱정했는데, 엄마에게 밀착된 채로 반동을 느끼니 졸음이 솔솔 쏟아져 낮잠 자기 딱 좋았던 모양이다. 오히려 계속 잠만 자서 이 좋은 풍경을 보여주지 못한 것이 아쉬웠다.

혹시 깨더라도 나에게는 최상의 무기가 있었다. 바로 모유! 어디서든 밥을 먹일 수 있으니 3시간 정도의 하이킹에는 별다른 준비물이 필요 없었다. 물 마시며 쉴 때 스스럼 없이 수유하면 됐다. 아기띠도 왜 진즉 매지 않았을까 후회했을 만큼 편했다. 두 손이 자유로워지니 자신감이 붙어서 집에 오는 길에 장까지 봤다. 그 뒤로 격주 금요일마다 딸과 함께 하이킹하는 일상이 시작됐다.

역시 처음이 무섭지, 해보면 별거 아니다. "엄마가 되어도 모험을 지속할 수 있을까?"라는 질문에 이젠 자신 있게 그렇다고 답할 수 있다.

하늬

모험할 줄 아는 아이가 모험하는 어른이 된다

아기 업고 산에 가는 엄마

팔로우하는 연예인은 없지만, 배우 이시영의 인스타그램에는 가끔 들어간다. 한라산에 아들을 둘러메고 오르는 모습을 보면서 괜한 동질감과 내적 친밀감을 느끼고 그녀의 팬이 되었다.

'그래, 우리만 이렇게 유난인 건 아니지?'

그녀는 2024년 11월에 아들과 같이 히말라야산맥의 해발

4,000미터 마르디히말 트레킹에 도전했고, 해냈다.

대단하다고 난리인 댓글 속에 왜 굳이 애를 업고 저렇게 해야 하는지 모르겠다는 악플도 있었다. 이해가 가지 않았다. 평소 체력 관리를 하면 아이 무게쯤 더해서 산행을 하는 게 그리 대단한 일도 아니고(20킬로그램까지 지고 백패킹도 가는데!), 엄마가 아이와 함께 자연을 누리고 싶다는데 남이 왈가왈부할 일도 아니지 않나.

이시영의 모습이 생소한 만큼, 나 역시 인스타그램에서 헤일리나 사라 같은 여성들의 활동을 보지 않았다면 아기와 함께 등산하는 엄마들의 모임이 있는지도 몰랐을 것이다. 그들의 보이지 않는 응원으로 한번 해본 덕분에 두려움은 용기로 바뀌었다. 나는 한국에서 WBC가 그런 역할을 해줄 수 있을 것 같았다. 엄마가 된(될) 와일드우먼들에게 말이다.

마침 비슷한 시기에 출산한 WBC 멤버 은진, 하영과 이야기를 해보니 비슷한 생각을 하고 있었다. 아빠가 아이를 데리고 나가서 아빠 방식대로 육아를 하면 온갖 칭찬이 쏟아지는데, 엄마가 산에 아기를 데리고 나가면 "위험한데 왜 나오냐" "아기 춥다" 등등 별별 잔소리를 다 듣는다고 한다. 그럴 때면 내가 좋아하는 걸 아기에게 강요하는 너무 이기적인 엄마인가 하는 마음까지 든다고 했다.

"엄마가 행복해야 아이도 행복하지 않을까요?"

'하이킹 마마'라는 이름으로 포스팅을 올리자 이런 시도 전에는 서로 존재를 몰랐던 엄마가 된 여자들이 연결됐다. 아기들과 함께 오르는 첫 하이킹 코스는 불암산에 있는 낮은 봉우리인 '애기봉'으로 정했다. 이런 모임이 없어서 집 밖으로 못 나오고 있는 엄마들이 없기를 바라는 마음으로 벌인 일이었다.

개설된 단톡방에서는 함께 모험을 떠날 날을 고대하며 걱정과 기대를 나누는 대화가 오갔다. 제일 먼저 신청한 사람은 이제 막 임신했다며, "아이가 생기자마자 같이 캠핑 갈 친구가 생겨서 너무 설레네요! 저와 비슷한 분들이 계신 것 같아 미리 참석해서 보고 싶어요!"라고 인사를 건넸다. 운동하는 엄마들을 많이 알고 싶어서 신청한 15개월 아이의 엄마, 3살짜리 아이와 공원은 많이 다니는데 산은 처음이라 도전해 보고 싶다고 신청한 엄마, 18개월 아이와 남편과 같이 종종 등산을 하는데 남편 없이 가보고 싶어서 신청한 엄마 등 모험하기 충분한 이유를 지닌 15명의 엄마들이 모였다.

하이킹 마마 밋업은 역대 WBC 포스팅 중에 제일 반응이 좋은 모임 톱 3로 꼽힐 만큼 많은 사람이 공감했다. '굳이' 아기를 업고 산에 오른 엄마들에게는 이것이 아이를 위한 헌신

엄마와 아이가 함께 떠난 하이킹 마마 밋업.

만은 아닐 것이다. 언젠가 아기가 제 발로 걸어서 이 정상쯤은 거뜬히 혼자서 오를 만큼 크면 엄마들은 자랑스럽게 "엄마가 네가 아기였을 때 너를 업고 이곳에 올랐어"라고 말할 것이다. 우리는 이날 그런 서로를 응원해 주는 새로운 동료도 만나지 않았는가.

아이가 있든 없든, 아웃도어를 좋아하는 여자로서 자신의 미래를 상상하는 데 기준점이 되는 또 하나의 참고 사례를 보며 뭔지 모를 자신감을 얻었을 것이다. 내가 그랬던 것처럼.

아이와 함께하는 아웃도어 활동

아이를 키우는 것 자체가 한 번도 해본 적 없는 미지의 영역을 헤매는 모험임에 틀림없지만 (듣던 것과 행하는 것은 정말 완전히 다르다), 어른이 아이에게 무언가를 가르치고 전수하는 행위의 반복이라는 점에서 새로울 건 없었다. 입으로 음식을 넣을 수 있다는 것, 걸을 때 앞을 보면서 땅도 봐야 걸려 넘어지지 않는다는 것, 이 세상 모든 것에는 이름이 있다는 것 같은 가르침들 말이다.

내가 평소에 즐기고 좋아하던 걸 아이와 함께하는 것도 마찬가지였다. 위험한 곳도 서슴없이 다니던 내가 아웃도어 활동을 아이와 하려니 아무래도 쉬운 코스를 선택해야 한다는 점이 아쉬웠다. 하이킹이나 캠핑은 챙길 아이 용품이 많아서 조금 번거로운 것도 사실이고 말이다. 나와 딸 모두에게 처음인 활동을 고르고 싶었다. 나에게도 생소해서 모든 게 어설프고 설레고 두려운 무언가, 자연을 누리는 처음의 기쁨을 함께 맞이할 수 있는 그 무언가 말이다.

그래서 찾은 것이 패들보드였다. 다시 LA로 돌아와 바다 근처에 살면서 서핑 다음으로 많이 보는 것 중 하나가 패들보딩이다. 서핑보드보다 길고 넓은 보드에 카누처럼 앉아서 타거나 일어서서 패들로 노를 저으며 물 위를 다니는 수상 스포츠다.

대여라도 해서 타봐야겠다는 말을 4년째 입에 달고 살았는데, 마침 샌디에이고에 사는 남동생이 패들보드를 샀다는 소식을 들었다. LA에서 차로 2시간이나 가야 하지만 보드를 빌린다는 핑계로 딸과 주말 여행을 떠났다. 남동생의 도움을 받아 한 번은 잔잔하고 물이 얕은 만에서, 한 번은 거친 파도를 넘어 바다로 나갔다. 라이프재킷을 입힌 14개월 딸 스카디와 함께였다.

패들보드는 활용도가 높아서 여러 방법으로 탈 수 있다는 게 좋았다. 패들보드로 파도를 타는 사람도 있는데, 우리는 그냥 앉아서 카누처럼 노를 저으며 앞으로 나갔다. 바닷물도 모래도 무서워하던 스카디는 처음엔 내 옷깃만 꼭 잡고 있었다. 긴장한 게 느껴져서 내 긴장감도 두 배가 됐다. 마침 펠리컨이 엄청 많이 날아다녀서 딸의 주의가 옮겨 간 덕분에 살았다.

아이가 울지만 않으면 성공한 거라 믿고, 서서히 강도를 높였다. 세 번째가 되자, 보드 위에서 내가 누우면 스카디가 내 배 위로 알아서 기어 올라왔다. 머리를 옆으로 돌려 가슴팍에 뉘이고 같이 평온함을 만끽했다. 그런데 네 번째에는 갑자기 손을 뻗더니 물장구를 치고, 급기야 아예 보드 위에 엎드려서 한참을 물과 노는 게 아닌가! (제대로 앉히려고 하면 싫다고 소리를 질렀다.) 물이 얼굴에 튀기면 숨이 넘어갈 듯 희한한 소리를 내다가 꺄르르 웃으며 9월의 호수 물에 손이 차가워질 때까지 놀았다.

다섯 번째에는 날 잡고 일어나더니 패들을 자기가 직접 잡겠다고 떼를 썼다. 보드가 마구 요동쳐서 내가 더 무서웠지만, 제법 오래 서 있었다.

이쯤 되자 집에 처박아놓진 않을 것 같았는지, 남편이 패들보드를 결혼기념일 선물로 사 왔다. 자기는 (수영을 못하는 탓에 무서워서) 안 타지만, 둘이 노는 게 좋아 보였다고 했다. (당신이 수영을 배워보는 건 어때?)

스카디가 하나둘씩 안 해본 경험을 해보는 게 너무 뿌듯하고 귀여운 나날이었다. 그 비장한 작은 입술, 즐기고 있는 만족스러운 표정을 보며 내가 힘을 얻었다. 아이는 내가 하는 모든 행동을 모방하며, 그야말로 자신의 안전지대를 깨부수고 있었다.

급기야 나는 패들보드를 가족여행으로 모인 하와이까지 가지고 갔다. 장비를 구매했으니 뽕을 뽑겠다는 마음이었다. 좋아하는 걸 좋아하는 사람과 나누고 싶다는 마음은 엄마가 되고 육아하면서 매 순간 더 진하게 느껴진다. 누군가는 아이와 같이 갤러리에 가고, 게임을 하고, 뮤지컬을 보러 가는 게 로망일 수 있다. 내게는 그 일이 자연을 즐기는 스포츠일 뿐이다.

아직은 아이가 내 속도로 즐기진 못하지만, 그래도 속도를 맞춰 같이 할 수 있는 순간은 왔다. 그렇게 우리는 둘만의 새로운 취미를 갖게 됐다. 패들보드를 호수에서도 타고 바다에서도 편하게 탈 수 있게 됐다. 파도가 치는 경계를 지나 고요한 지점에 다다르면, 둘이 같이 누워 햇살을 온몸으로 받으며 물의 일렁임에 보드를 맡긴다. 그렇게 물을 즐기는, 날씨를 즐기는 우리만의 방법이 생겼다.

언젠가는 스카디가 혼자서 스스로 하겠다는 시기가 오겠지. 그래도 괜찮다. 어쩌면 그렇게 되길 바라서 지금 이렇게 함께 다니고 있는 것일지도 모른다. 엄마와 딸로 만났지만 모험 친구이기도 한 우리는 자연에서 함께 성장해 간다.

제멋대로 성장하기를 부추긴 가족 문화

어떻게 아이를 이렇게 와일드하게 키울 수 있는지 묻는다면, 어릴 적 일로 그 대답을 대신하고 싶다.

도쿄의 한 호텔방에서 눈을 떴는데 옆 침대가 비어 있었다. 아빠의 출장길을 따라갔는데, 아빠는 없고 호텔 메모지 한 장과 동전 몇 개만 덩그러니 남아 있었다.

"1시에 전시장 입구에서 만나!"

휘갈겨 쓴 아빠의 글씨를 보고, '휴, 우리 아빠 또 이런다. 엇갈리면 어쩌려고. 같이 좀 가지'라고 생각하며 얼굴을 찌푸렸다. 다만, 그건 혼자 낯선 땅에서 전철을 타고 찾아가는 게 귀찮아서 내쉰 한숨일 뿐, 두려워서 그랬던 건 아니었다.

6학년 때의 일이었다. 혼자서는 처음으로 떠난 담대한 모험이었다. 어린 시절 중 가장 강렬하게 기억하는 장면이기도 하다. 지금 두 살밖에 되지 않은 딸을 대입해서 생각해 보면 감히 나는 아빠처럼 할 수 없을 것 같다. 6학년은 너무 이른데, 중학생 아니었을까? 사춘기 때 순순히 아빠를 따라갔을 리는 없고. 확인차 아빠한테 카톡을 보냈다.

"6학년 때 맞아."
"진짜? 확실해? 국제 미아 됐으면 어쩌려고?"
"안 그럴 자신이 있었으니까. 쿡쿡."

짓궂은 웃음 속에서 자신감이 느껴졌다. 얼마나 신뢰를 쌓으면, 얼마나 사전에 단계별로 훈련을 시키면 서바이벌 게임의 사회자처럼 13살 딸에게 마지막 미션을 주며 웃을 수 있을까?

부모님은 세 자녀를 항상 이렇게 키웠다. 여동생은 초등학교에 들어가기도 전에 혼자 비행기를 타고 뉴욕 이모네에 갔다. 미국에 가고 싶으면, 무서워도 스스로 갈 수 있어야 했다. 가족 여행을 할 때면 각자 원하는 콘셉트대로 계획을 짜고 그 사람이 온 가족을 리드하게 했다. 가훈을 적어 오라는 학교 숙제가 있어서, 부모님에게 우리 집에 가훈이 있는지 물었더니 돌아오는 대답은 이랬다.

"몰랐어? 하고 싶은 일 다하기!"

하고 싶은 일이 있으면 스스로 해낼 수 있도록 생활에서 끊임없이 (몰래) 훈련해 온 게 엄마 아빠의 방식이었다. 우리가 미처 깨닫기도 전에 말이다.

믿거나 말거나, 이런 가족 문화 덕분에 우리 삼남매는 자신의 방식대로 아주 제멋대로 성장했다. 나는 문화인류학을 전공으로 선택하고 사회문제 해결을 업으로 하는 조직에서 일해 왔다. 여동생은 예술을 전공하고 모델 활동을 하다가 미군에 들어가 직업군인이 됐다. 남동생은 환경 에너지에 관심이 있어서 화학공학 박사 학위를 받고 전기차 배터리를 연구하고 있다.

안 가본 길을 자신 있게 선택하길

그게 어떤 선택이 됐든, 나는 스카디가 자신의 모험을 찾아 떠나는 삶을 살길 바란다. 안 가본 길을 자신 있게 선택할 줄 아는 배짱을 갖길 바란다. 길을 좀 헤매더라도 볕 좋은 곳이 나오면 벌렁 누워 햇빛도 쬐고, 마음 맞는 친구들을 만나면 여행을 떠나기도 하면서 말이다. 그런 배짱과 여유는 모험을 더 많이 할수록 키워진다. 어디로 가는지는 중요하지 않다. 모험을 했는지 안 했는지만 남는다.

WBC에서 모험이 처음인 여자들을 의외로 많이 만난다. 한 번도 배낭을 직접 싸서 들판으로 나가본 적 없는 여자들, 달리 말하면 한 번도 자기 삶에서 주체적으로 모험을 떠나보지 못한 여자들이 이곳에 와서 새로운 감각을 익힌다. 머리보다 몸이 말하는 것에 반응하는 법, 도시가 아닌 자연에서 존재하는 새로운 나를 발견하는 법을 나이에 상관없이 서로 배운다.

나는 WBC가 우리 세대를 위로하고 응원하기도 하지만, 다음 세대를 어떻게 길러낼 것인가에 대한 담대한 상상을 함께 나눌 수 있는 곳이 되었으면 한다. 아이와 함께 모험하는 삶을 살 수 있으려면 '육아 모험'도 주변에 흔들리지 않고 내 방식대로 할 배짱이 필요하다. 모험할 줄 아는 아이가 모험하는 어른이 된다는 것을 믿으며.

지영

엄마가 딸에게 보여주고 싶은 세상

더 멀리 가서 더 많이 보고 와

내 인생의 첫 번째 캠핑은 초등학교 운동장에서였다. 집에서 고작 10분도 떨어지지 않은 곳에서 걸스카우트 대원의 캠핑 행사가 진행되었다.

나는 걸스카우트 단복을 입는 것을 좋아했다. 걸스카우트 진달래 대원으로서 흰색 블라우스에 갈색 치마를 입고 목에 스카프를 정갈하게 메면 왠지 의젓해지는 기분이었다. 단복을 입고 1박 2일을 보낼 날을 손꼽아 기다렸다.

나는 나의 명예를 걸고 다음의 조목을 굳게 지키겠습니다.
첫째, 하느님과 나라를 위하여 나의 힘을 다하겠습니다.
둘째, 항상 다른 사람을 도와주겠습니다.
셋째, 걸스카우트의 규율을 잘 지키겠습니다.

교장 선생님의 지루한 훈시가 이어지던 운동장이지만 그 날은 달랐다. 우리는 국기에 대한 경례 대신 세 손가락을 펼쳐 들고 걸스카우트 선서를 했다. 그러고는 난생처음 텐트를 쳐보았다. 집에서 고작 도보로 10분 정도 떨어진 운동장 한편에 자리 잡았지만, 텐트 속에 들어가니 영 먼 곳에 온 것 같았다. 매일의 낮을 보냈던 곳이지만 깜깜해진 이곳은 완전히 다른 세계였다.

저녁에는 각자 초 하나를 손에 들고 모여 앉아 촛불 의식을 했다. 학창 시절에 집 떠나면 빠지지 않는 레퍼토리는 엄마에게 하고 싶은 말을 전하라는 것이었다. 한 사람이 울음을 터뜨리자, 파도처럼 엉엉 눈물이 번졌다. 어떤 아이들은 친구들과 얼싸 안고 울었다. 집에 가고 싶다고, 엄마가 보고 싶다고 했다. 지금 교문 밖을 나서면 고작 10분 만에 집에 있는 엄마를 만날 수 있다는 사실은 엄마에 대한 영원한 그리움 앞에서는 그다지 중요하지 않았다.

단복을 입은 나는 꽤 의젓한 아이였기 때문에 남몰래 눈물

몇 방울을 흘리긴 했지만 금세 평정심을 찾았다. 왜 이곳에 있는지 나는 정확히 이해하고 있었다. 나는 엄마의 오랜 꿈이었다. 내가 자랑스러워하는 걸스카우트 단복을 입고 이 프로그램에 참가할 수 있었던 것은 순전히 엄마 덕이었다. 사실 걸스카우트고 야영이고, 굳이 할 필요가 없는 일이었다. 하지만 엄마는 아빠가 반대하는 일에 어린 딸을 '굳이' 보내기 위해 새벽에 신문 배달을 하고, 어린 동생을 등에 업고 우유 배달을 했다. 엄마의 새벽을 팔아 내 세계는 조금씩 풍성해졌다.

그 덕이었을까? 나는 낯선 세계를 '굳이' 탐구하는 일에 관심이 많은 아이로 자라났다. 집에서 고작 2킬로미터 남짓했던 모험의 반경은 점점 더 넓어졌다. 거침없던 나에게는 사실 믿는 구석이 있었으니까.

비행깃값은 나라에서 나오고, 생활비는 내가 벌겠다고 큰소리치며 미국으로 휙 날아갔던 대학 시절에도 마찬가지였다. 남미로 여행을 가놓고 두 달이나 "걱정할까 봐"라는 핑계로 미국이라고 거짓말하던 딸이 돌아갈 비행깃값만 남기고 전화했을 때 엄마는 돈부터 보내주었다. 간 김에 더 멀리 가서, 더 많이 보고 오라고. 그게 어떤 돈인지 아는 나는 너무 미안했는데, 엄마는 내가 그저 자랑스럽다고 했다.

그 뒤로도 이어진 수많은 좌충우돌에도 내 앞에서는 별말 없었지만, 뒤에서는 '용감한 우리 딸'을 자랑하고 다닌 것을 안다. 나조차 막연한 내 미래를 자랑스럽게 사랑해 주는 엄마가 있어서 나는 계속되는 삶의 불확실함 앞에서 용기를 낼 수 있었다. 미지의 땅을 향해 용감하게 한 발자국, 한 발자국 내디딜 수 있었다.

딸아, 내 동료가 되어라

몇 년 전 여름, 함께 산책하던 도중 엄마가 문득 말했다.

"산티아고 순롓길을 한번 걸어 보고 싶어."

언젠가의 그날까지 엄마는 허벅지 힘을 단단히 기르고 나는 비행기값을 열심히 모아두기로 농담처럼 약속했다. 그때만 해도 정말 농담인 줄 알았다. 그날의 말이 잊힐 때쯤 엄마가 다시 한번 말했다.

"지영이 네가 엄마 가이드해라. 네가 같이 걸어야겠다."

엄마는 정년퇴임을 앞두고 있었다. 나는 엄마의 그 말이 사실 너무 반갑고 고마웠다. 항상 가족을 위해 살던 엄마가 처음으로 자신을 위한 도전을 하겠다고 선언한 것이었기 때문이다. 하지만 800킬로미터에 달하는 산티아고 순렛길은 엄마에게 큰 모험이었다. 해외 여행을 여러 번 가봤다곤 하지만, 가이드의 밀착 가이드를 받으며 길어야 일주일 내외를 다녀온 것이 전부였던 엄마에게 두 달 가까운 시간 동안 집을 나선다는 것만으로도 엄청난 도전이었다. 그런데 그때 엄마는 제일 먼저 나에게 손을 내밀었다. 함께 걷자고.

걱정되는 것은 한두 가지가 아니었다. 아주 오랫동안 작고 말랐던 엄마였지만 갱년기와 폐경을 겪으며 호르몬의 영향으로 살이 찌면서 당뇨와 고혈압에 고생하고 있던 터였다. 장거리를 걸을 수 있는 무릎일지 건강 걱정을 빼놓을 수 없었다. 열정은 충분했지만 평소 하는 운동이라곤 숨쉬기 운동뿐인 엄마가 한 달 넘게 걸을 수 있을지도 사실 의문이었다. 언니와 동생은 엄마를 말려 보다가 설득이 안 되니 나에게 따로 연락을 해서 일부 구간만 걸으라고 얘기했다. 조심스럽게 엄마에게 다시 물어보았지만 엄마는 '완주'를 하고 싶다고 했다.

스스로 800킬로미터의 거리를 걸을 수 있을지 시험해 보고 싶다는 엄마의 말에 절실함이 느껴져서 나는 말리고 싶지 않았다. 아주 천천히여도 괜찮으니 내가 옆에서 같이 걸어주면 되지, 뭐. 그리고 다음 해 초여름 나는 엄마와 손을 잡고 비행기를 탔다. 그렇게 우리는 조금은 무모하게 순렛길 앞에 섰다.

함께 걸었던 800킬로미터 여정의 끝에서

 젊은 사람들은 빠르면 30일 정도면 걷는다고 했다. 하지만 우리는 매일매일 우리 앞에 펼쳐진 풍경을 우리만의 속도로 천천히 즐기며 걸어나갔다. 걷는 동안 계절은 초여름에서 여름의 한복판을 향해 갔다. 끝도 없이 피어난 노란 해바라기 밭을 지나고, 붉은 양귀비가 핀 들판을 걷고 또 걷다 보니 점점 끝이 가까워졌다. 그렇게 꿈같은 42일이 흘러갔다.

 출발하기 전에 들었던 수많은 걱정이 무색하게도 엄마는 여름 스페인의 뜨거운 태양 아래서도 매일 8시간 넘게, 20킬로미터가 넘는 거리를 씩씩하게 걸었다. 가끔은 음악에 맞춰 춤도 추면서. 어쩜 그렇게 힘든 내색도 없이 걸었을까. 엄마는 매일이 꿈같다고 했다. 아이처럼 빛나는 눈으로 우리가 마주하는 매일의 풍경을 글로 사진으로 기록했다.

 프랑스 작은 소도시 생장에서 출발한 우리는 스페인을 가로질러 칠레의 콤포스텔라 대성당 앞에 섰다. 안도감보다 아쉬움이 먼저 올라올 정도로 충만했던 시간이었다. 함께였기에 끝까지 걸을 수 있었고, 함께 걸었기에 의미가 있었다. 도착의 여운이 채 가시기도 전에 엄마가 말했다.

 "지영아, 우리 또 걸으러 가자."

호기심이 있는 한 우리는 영원히 아이같은 마음으로 탐험할 수 있지 않을까? 엄마의 체력을 걱정했지만, 엄마의 호기심 가득한 눈 덕분에 오히려 내 안의 모험 에너지가 충전되는 시간이었다.

할머니가 되어도, 몸은 나이가 들어도 우리는 언제나 새롭게 모험과 도전을 꿈꿀 수 있다. 그 사실을 나에게 다시 알려 준 엄마에게 고마웠다.

미래의 딸들을 위한 베이스캠프

WBC에서 우리는 베이스캠프를 달리 정의했다. 등산이나 탐험을 할 때 도와줄 근거지로 삼는 고정 천막이라는 원래의 뜻 대신, 인생에서 몇 번의 장거리 하이킹을 해야 할 때 언제든 돌아와 나를 충전하고 지속할 수 있는 힘을 얻는 장소라는 뜻을 입혔다.

그런 의미에서 나에게는 엄마가 베이스캠프였다. 육십 대가 되어도 여전히 세상을 향한 호기심으로 눈이 반짝거리는 엄마에게도 엄마가 바라는 모험을 떠날 수 있게 지지해 주는 베이스캠프가 있었더라면 어떤 모험의 경험을 가진 어른으로 자라났을까? 나는 가끔 궁금했다.

사실 두려웠다. 나에게 아이가 생기면 지금처럼 자유롭게 돌아다니며 살 수 없을까 봐. 더 두려운 건, 엄마가 나에게 했던 것처럼 아이에게 제대로 헌신할 자신이 없다는 점이었다. 엄마의 헌신을 가치 있게 만들 만큼 잘 살아야 한다는 혼자만의 부채감을 물려주고 싶지도 않았다. 엄마의 희생과 사랑은 가장 단단한 지지대이기도 했지만, 한편으로는 엄두도 나지 않을 만큼 거대한 산이기도 했다.

그렇기에 더욱 미래의 내 딸에게 든든한 베이스캠프를 만들어주고 싶다. 느슨하게 연결되어 있는 여자 동료들과 함께 미래의 우리의 딸들을 위해 충분히 튼튼하고 넓은 베이스캠프를 만들어주고 싶다. 그리고 그 베이스캠프는 누군가의 삶을 저당 잡은 헌신 없이도 존재할 수 있는 곳이었으면 한다. 아이가 내 꿈을 대신해야 한다는 부채감 대신, 온전히 자신의 꿈을 따라 길을 걸어가길 바란다. 나 혼자는 어렵더라도 우리가 만들어내는 연결이 쌓이고 쌓이면 서로에게 든든한 안전망이 되어줄 것이라고 믿는다.

엄마로서도, 자신으로서도 오롯하기 위해 분투하는 여자들을 가까이에서 마주하며 생생한 용기를 얻는다. 나는 책임지지 못할 아이의 상처가 두렵다고 해서, 아이가 따뜻하고 아늑하지만 좁디좁은 온실에만 머무르길 바라지 않는다. 그렇기에 내 딸이 집 밖에서 처음 혼자 발걸음을 내디딜 때 서로의 모험을 지지하고 응원해 주는 커뮤니티가 든든하게 건재했으면 한다. 마침내 혼자 걷는 길에서 넘어지고 상처 입더라도, 쉬어가고 싶을 때 기댈 수 있는 곳이 있다는 믿음이 있다면 다시 힘을 내 걸을 수 있을 테니.

명해

강해진다는 감각

도시인이 잃어버린 것들

오늘도 짐짝 같은 배낭을 짊어지고 비탈진 산을 오른다. 골반이 죄이고 쇄골이 찌르르 아파올 때쯤, 산 중턱의 캠프 사이트에 도착한다. 땀에 전 옷을 갈아입을 새도 없이 끼니를 차린다. 밤바람을 견뎌줄 하루짜리 임시 거처를 짓는다. 채 골라내지 못한 바닥의 돌을 피해 뒤척거리며 새우잠을 잔다.

자연에다 짓는 자기만의 방은 낭만적이되 제법 고생스럽다. 편안한 집을 두고 우린 왜 불편을 자처할까? 수많은 불편에도 내가 다시 배낭을 메는 이유는 강해지고 싶기 때문이다.

강하다는 건 때론 내 삶을 넘어 사랑하는 이들의 삶까지 돌볼 수 있는 다정함의 여유치를 의미한다.

생존에 필요한 의식주를 스스로 감당한다는 감각을 현대인이 체감하기는 쉽지 않다. 집을 직접 짓거나 농사짓기는커녕, 매 끼니를 직접 요리해 먹지도 않는다. 각자가 잘하는 일을 해 돈을 벌고, 그 돈으로 생존에 필요한 것과 교환하고 노동을 위임한다. 대량 생산과 분업이 일상화된 현대 사회에서 나의 노동이 생존을 위한 직접적인 행위라고 체감하기는 갈수록 어렵다.

일상에선 생존적 무능력이 큰 문제가 되지 않는다. 오히려 더 세밀하게 분업하고 나누는 것이 도시인에겐 더 효율적인 선택이다.

문제는 자연에서 마주하는 한계다. 친구들과 한라산에 갔는데 체력이 안 좋으면 끝내 정상을 보지 못한다. 이탈리아 돌로미티로 트레킹을 갔는데 야영을 할 줄 모르면 깊은 밤하늘의 은하수를 만끽할 수 없다. 도로마저 끊긴 대자연으로 혼자 훌쩍 떠나고 싶을 때 배낭을 짊어질 수 없다면 느긋한 고요를 누릴 수 없다.

세상이 더 편리해지면 어느 산에든 케이블카가 설치되고 어디에서든 간편하게 먹을 수 있는 상품이 개발되고 현실보다 더 현실 같은 대자연 가상현실 콘텐츠가 쏟아질지도 모른다. 그렇다면 돈을 주고 손쉽게 서비스를 사거나 대안을 찾아 적당히 만족할 수 있을 것이다.

그럼에도 안 하는 것과 못 하는 것은 엄연히 다르다. 특히 더 깊은 자연을 탐험할수록 내 몸에 감각된 능력이 있어야 더 많이 즐기고 누릴 수 있다. 내 삶을 오롯이 감당할 수 있는 능력을 지닌다면, 자연에서 의식주를 해결할 수 있다면, 언제든 어디로든 훌쩍 떠날 수 있다. 자유의 한계치가 성큼 넓어지는 것이다. 결국 그 힘을 내 안으로 들여와야 한다. 그러기 위해 백패킹은 스스로 강해질 수 있는 좋은 기회다.

당신이 박배낭을 메야 하는 이유

백패킹을 하며 키우는 능력은 이런 것이다. 첫째, 무상한 힘이다. 영화 〈와일드〉에는 주인공 셰릴이 PCT를 걷기 전날 혼자 박배낭을 메는 것조차 힘들어하며 뒤뚱거리는 장면이 나온다. 박배낭은 기간에 따라 다르겠지만 20킬로그램을 훌쩍 넘기곤 한다. (함께라면 공용 장비를 나눠서 짐이 좀 줄겠지만, 혼자라면 모든 장비를 오롯이 감당해야 한다.) 이 무게를 등에 얹고 경사진 산길을 오르면 몇 걸음 가지 않아도 땀이 뻘뻘 흐른다.

영하 15도의 날씨에 다녀왔던 동굴 백패킹과 설산 모임. 다른 사람들은 고생스럽다고, 굳이 뭐 하러 하냐고 할 만한 일이지만 그런 일들을 일부러 하면서 쌓는 경험은 우리의 몸뿐만 아니라 마음도 강하게 만들어주었다.

산을 걷다가, 힘을 키우려면 쾌적한 헬스장에서 무게를 치는 편이 낫지 않을까 생각하곤 한다. 헬스장 무게는 스펙이라도 되지 싶다. 그런데도 헬스장의 바벨보다 산에서의 하중 훈련이 더 좋은 건 그 무상함 때문이다. 번지르르한 스펙으로 정량화할 순 없지만, 언제든 얼마든 내가 원하는 만큼 자연을 누빌 수 있게 해주는 실용적인 힘이 허벅지와 복근, 척추 곳곳에 쌓인다. '내가 이 정도 무게까진 감당할 수 있구나.' 막연히 상상하던 내 힘이 나를 먹이고 재우고 하룻밤 생활하게 하는 실용적인 무게로 체감된다.

그렇게 힘들여 능선을 오르고, 정상에 도착하고, 또 미련 없이 산을 내려온다. 언제고 필요한 순간이면 발휘할 수 있는 비밀스러운 힘을 허벅지와 산 곳곳에 숨겨두고 말이다. 스파이더맨의 힘을 감춘 피터가 이런 기분이었을까?

둘째, 선별하고 짐을 꾸리는 능력을 기를 수 있다. 산을 오르다 보면 짐을 조금이라도 더 줄이지 못한 게 후회스러운 순간이 있다. 욕망이 곧 짊어져야 할 무게인 만큼, 짐을 쌀 때는 신중해진다. 불필요한 미련은 줄이고 내게 꼭 필요한 것만 선별해 배낭에 담는다. 백패킹은 곤도 마리에도 울고 갈 만큼의 정리의 정수이자 미니멀리즘을 지향한다. 과도하게 풍요로운 물질을 누리는 현대인에게는 명상과도 같다. 맞춤하게 떨어지도록 박배낭을 패킹하고 보면, 내 삶에 꼭 필요한 것들은

자신에게 꼭 필요한 것들만 담은 배낭을 스스로 지고 걸어보는 경험은 생각보다
많은 것을 변화시킨다.

그리 많지 않음을 새삼 깨닫는다. 같이 산에 다니는 산악부 대장님이 이렇게 말했다.

"산에서 자고 밥 해 먹고 옷 입는 데 필요한 모든 짐을 하루에도 몇 번씩 배낭 하나에 쌌다 풀었다 하는 거, 그거 대단한 능력이야."

내 삶에 필요한 물건을 잘 추리는 것만큼 그 짐을 잘 싸는 것도 큰 능력이다. 패킹을 잘해야 덜 무겁게 더 많이 들 수 있기 때문이다. 이 능력은 전쟁, 피난 등 유사시에 더 빛을 발할지도 모른다. 멀리 이민을 갈 때도 아주 유용할 것이다. 패킹 능력은 삶의 기동성을 높여준다.

셋째, 생존 기술과 자기 신뢰를 쌓을 수 있다. 야영을 하면 체온을 보존하는 일이 중요하다. 특히 산행으로 땀을 많이 흘린 후 적절히 대처하지 않으면 여름에도 저체온증이 큰 사고로 이어질 수 있다.

백패킹 밋업을 가면 사람들에게 라이터를 쥐여주고 직접 버너를 켜보라고 한다. 나도 처음에는 가스가 터지거나 불을 다루지 못할까 봐 무서워서 늘 불 피우는 일을 피했다. 그렇게 다른 사람에게 의존하다 보니 정말 필요할 때 혼자 할 수가 없었다. 라이터 버튼을 딸깍, 누르기만 하면 되는데 말이다.

살면서 저체온을 심각하게 고민할 순간이 얼마나 될까? 하룻밤 새에 거창한 생존 기술을 가르치려는 게 아니다. 그보단 누구나 할 수 있는 일이라면 나도 충분히 할 수 있다는 작은 믿음을 전하고 싶다. 그러면 언제, 어디서 삶에 무슨 일이 일어나든 침착하게 대응할 수 있는 마음의 여유가 생길 것이다. 그 작은 경험이 쌓인다면 뭐든 해낼 수 있다는, 스스로에 대한 단단한 믿음이 생길 것이 분명하다.

느리고 서툴더라도

생애 첫 해외 원정을 준비하던 그해 봄에 주말마다 산에 다녔다. 수영이나 등산으로 체력만 갖췄던 나는 국내 훈련을 하며 처음 캠핑도 해보고 장거리 트레킹도 하며 속성으로 백패킹을 배웠다. 모든 게 처음이었던 나와 달리, 함께 원정을 가는 팀에는 고등학교, 대학교 때부터 산악부 활동을 하던 친구들이 제법 있었다. 당연히 힘도, 능력도, 기술도 그들이 월등했다. 팀원 13명 중 여자가 4명이었는데, 산행 경험이 많지 않았던 여자 부원들은 자연스레 많은 배려를 받았다.

텐트나 코펠 같은 무거운 공용 장비는 주로 남자들의 배낭에 들어갔다. 길눈이 밝고 체력이 좋은 남자애들이 선두에서 길을 찾고 후미에서 뒤처진 사람들을 살폈다. 박지에 일찍 도착한 이들은 불을 피우고 밥을 지으며 기다렸다. 중간의 여자애들은 일단 처지지 않고 잘 걷기만 해도 됐다. 아주 효율적이었다.

그렇게 1년간 산에 다니고 산행에 제법 여유가 생기고 나서야 궁금해졌다. 왜 난 여태 불 한 번 못 피워봤지? 왜 난 여태 텐트를 배낭에 욱여넣거나 집에 들고 와 말려본 경험이 없지? 왜 냄비밥도 못 짓지? 산행이 익숙하고 여유가 있는 이들, 주로 남자들에게 많은 일을 의탁하고 있었다. 물론 초보자이기에 자연스러운 배려였다고 생각한다.

그럼에도 한 해, 두 해, 배려가 이어질수록 나는 성장할 기회를 잃고 있었다. 어쩌면 효율과 쓸모를 가장해 내 안의 가능성을 잘라냈는지도 모른다. 느리고 서툴더라도 이젠 스스로 해야 했다.

"마음만 먹으면 얼마든지 할 수 있는 것을, 왜 저는 남의 일이라고만 생각했을까요. 제 몸과 마음의 가능성을 얕잡아 보고 있었음을 알았어요. 부족하면 부족한 대로 견딜 수도 있고, 함께하는 동료들에게 도움을 구할 수도 있었고요. 무언가를 '도전'하고 '성취'하는 데 목말라 있던 제게 큰 자극이 되었어요."

"나의 의식주를 감당할 수 있는 가방을 하나 싸서 언제든 훌쩍 떠나 산이든, 바다든, 어디든 갈 수 있는 여자. 내 옆의 사람들과 지지와 응원을 나누며 무엇이든 도전하고 열심히 해보는 사람으로 성장하고 있는 것 같아서 뿌듯해요."
— WBC 백패킹 밋업 참가자 후기 중

우리가 손쉬운 배려를 거절하고 서툰 고통을 기꺼이 선택하는 이유는 내 자유의 폭을 조금씩 넓혀가기 위해서다. 몸집만 한 배낭을 메고 기어코 산을 오르고 내린다. 내 몫의 삶을 살아낼 힘을 얻는다. 용기를 배운다. 새롭고 광활한 가능성을 얻는다. 내 안의 강인함만큼 우리는 자유로울 수 있다.

지영

우리의 여름 명절, 리트릿 캠프

커지기보다 넓어지기

매해 여름 축제, 리트릿 캠프를 열면서 우리는 슬로건을 정한다. 몸을 움직이는 순간을 함께 나누는 것만으로도 좋지만 우리 전체를 묶어주는 메시지가 있었으면 하기 때문이다.

첫해에는 '두려움'과 "Follow Your Fear", 두 번째 해에는 '해방'과 "Let Me Free"였다. 올해는 어떤 이야기를 전할까? 고민이 많았다. 영감이 필요하다며 커뮤니티형 축제의 대표 사례인 버닝맨(미국 네바다주 블랙록사막에서 열리는 예술형 캠핑 축제)을 보고 오자고 미국행 티켓까지 알아봤을 정도였다.

몇 달간 회의를 통해 서서히 축제의 물리적 외형이 결정되는 동안, 슬로건만은 미궁으로 남았다. 가장 핵심에 있는 이야기이기에 더 신중하게 접근한 탓이었다.

그러다가 '내면의 야성을 거침없이 드러낸 여성들이 모이는 산속의 신비한 마을'이라는 콘셉트가 나왔다. 사막에 나타났다가 사라지는 마을처럼, 깊은 산속에 생겨나는 마을. 야성을 가진 여자들에게만 보이는 신비한 마을. 모두의 마음에 쏙 드는 콘셉트가 나오자 그 이후로는 일이 빠르게 진척됐다. 아이디어는 거침없이 전진하며 구체적인 모양을 갖췄다. 그동안 말로 하지 못했지만, 마음속에 조금씩 그리던 꿈의 모습이었기 때문일 것이다.

꿈꿨던 여자들의 마을

구체적인 마을을 기획하기에 앞서, 각자가 '마을'을 감각했던 순간을 공유했다. 엄마가 집에 없으면 옆집에 가서 밥을 먹었던 일, 한가득 요리해서 이웃집에 갖다주는 심부름을 했던 일 등등. 각기 다른 추억이었지만, 공통점은 계산 없이 나눈 마음이라는 점이었다. 요즘은 옆집에 누가 사는지 얼굴도 모르지만, 그때의 호혜적인 교류가 잠시나마 다시 이뤄질 수 있는 장치를 구상했다.

우선, 직업과 마을별로 작은 그룹을 만들기로 했다. 자연을 좋아하는 우리답게 부족명은 산, 바다, 하늘, 별로 정했다. 〈아바타〉, 〈해리 포터〉 등은 기획할 때마다 늘 떠올리는 이미지였다. 반에도 반장, 홍보부장, 청소부장이 있고, 마을에도 이장, 사무장, 어촌계장이 있듯이, 부족에도 역할이 필요하지 않을까 생각했다.

무엇보다 리트릿 캠프에서만큼은 속세의 역할을 벗어날 수 있도록, 이곳만의 새로운 역할을 부여하기로 했다. 부족을 아우르는 부족장부터 가장 크게 박수치고 환호해 주는 중대한 리액션 임무를 맡은 박수무당, 힘쓰는 일에 나서는 천하장사, 모든 일에 앞장 서는 앞잡이까지 마을 생활에 적극적으로 참여할 수 있도록 하기 위한 것이었다.

다음은 화폐였다. 사람들 사이에 나눔이 원활하게 일어날 수 있는 장치로, 보물섬에서 나올 것 같은 반짝거리는 금화를 준비했다. 대신 화폐가 끝없이 교환되는 선순환 구조여야 했다. 자기가 가진 재능과 자원을 기부하는 '와우장 쿠폰'을 발행하면 금화를 획득하고, 획득한 금화로 다시 와우장 쿠폰을 구매할 수 있도록 했다.

잘 작동할까 우려했던 것과는 달리, 와우장은 역대급으로 문전성시를 이뤘다. 재능 교환 쿠폰으로 가득 찬 와우장 게시

판을 보며 사람들은 몰려들었고, 금화를 더 얻기 위해 더 많은 와우장 쿠폰을 발행했으며, 남는 금화는 필요한 사람에게 기꺼이 나눠주었다.

플리마켓에서는 아웃도어 용품부터 비치타월, 수영복까지 와일드우먼에게 필요한 물건이 다양한 방식으로 거래됐다.

"내게는 더 이상 필요하지 않은 물건이 구매력 있는 사람보다는 꼭 필요한 사람에게 전해지길 바라는 마음에 금액은 일부러 자율로 정했어요."

"Live, Love, Laugh, Learn! 모험을 위한 필수템 물물교환합니다. 자기만 아는 이야기, 음료수, 연락처 등등 무엇이든 가능해요!"

그 밖에도 떡볶이를 한가득 끓여 사람들과 나누고, 과일이 먹고 싶어서 가지고 있는 과자와 교환하고, 축제 동안 연결된 사람들과 카풀로 귀가하면서 남은 셔틀버스 티켓을 나누는 등등 자발적인 물물교환이 이루어졌다.

우리는 상업적인 페스티벌이 아닌 의식 같은 페스티벌을 꿈꾼다. 축제를 넘어서 '공동의 경험을 통한 연대'가 형성되기를 바란다.

벌써 세 번의 여름이 지나갔다. 이제는 여름이면 당연하게도 WBC의 리트릿 캠프를 떠올린다. 느슨하게 연결되어 있다가 1년에 한 번씩 진하게 만나는 '여름 명절' 같다.

엄마와 딸이 함께하는 축제

왁자지껄한 나눔 외에도 또 하나 꿈꾸던 마을의 모습이 있었다. 그것은 바로 사람이었다. 뭐니 뭐니 해도 마을을 이루는 건 다양한 사람이다. 그래서 올해는 4살 아기부터 십 대, 이십 대, 삼십 대, 사십 대, 오십 대, 육십 대까지 전 연령대를 아우르는 여성들이 서로를 돌보며 지지와 용기를 나누는 축제의 장을 기획했다. 원래도 리트릿 캠프에는 다양한 나이대의 여성들이 모였지만, 이번에는 이것을 더 적극적으로 장려해 보기로 했다.

그러자 하이킹 마마 프로젝트를 통해 우리를 알게 된 엄마가 4살 딸의 손을 잡고 오거나 여고생 하이킹 프로그램에 참여했던 십 대 여고생이 친구의 손을 잡고 마이산 아래 '와일드 마을'로 걸어 들어왔다.

무엇보다 우리의 마음을 울렸던 것은 엄마 손을 잡고 온 딸들이었다. 딸들은 엄마를 이 마을로 초대했다. 사실 우리가 가장 지지받고 싶은 사람은 가장 가까운 존재인 엄마가 아닐까? 하지만 성인이 되고 바빠 살다 보면, 어느 순간 서로에 대해 설명하기도, 이해받기도 포기하고 만다.

나 역시 그랬다. 회사를 여러 번 그만두고 소속이 없는 내가 만들어가는 일을 엄마에게 설명하는 데 어려움을 느꼈다. 그래서 리트릿 캠프도 3회가 되어서야 엄마를 초대했다. 백문이 불여일견이라고 내가 어떤 것을 만들고 있는지 말로 설명하기보다는 엄마가 와서 직접 경험해 보길 바랐다. 이제는 엄마에게 보여줘도 되겠다는 자신감도 생겼던 것 같다.

엄마들은 딸과 함께, 딸들은 엄마와 함께 오고 싶다던 피드백에 용기를 얻기도 했다. 이번에는 아이와 함께, 엄마와 함께 오기를 적극 권유했다. 그러자 행사를 함께 만들어가는 스태프들도 각자의 엄마와 함께 축제장에 들어섰다. 엄마들은 부탁도 하지 않았는데 자연스럽게 돌봄을 나누어주었다. 나이 어린 딸을 데리고 온 엄마들과 나이 든 엄마를 데려온 딸들이 함께하자, 세대와 세대가 연결되면서 단단히 뿌리내리는 느낌이었다.

2박 3일의 마법 같은 시간이 지난 후 엄마들은 입을 모아 말했다. 우리 딸이 어떻게 노는지, 누구랑 노는지, 어떤 가치를 추구하는지 직접 볼 수 있어 더없이 행복한 시간이었노라고.

"너희와 비슷한 친구들이 많아서, 딸이 많이 생긴 기분이야."

딸과 엄마가 모두 와일드우먼으로 어울렸던 세 번째 리트릿 캠프. 명상이나 움직임 활동을 모두 함께하며 모녀 간에 새로운 우정이 싹텄다.

"엄마의 시간 속에서 가장 뜻밖의 시간이었어. 내 사고가 넓어지는 시간을 공유해 줘서 고맙고, 초대해 줘서 고마워."

"사회가 발달하면 피폐해지기 쉬운데, 우리 아이들에게 이렇게 쉼이 있으면 좋겠어. 이런 게 있으니 그나마 조금씩 빛이 되고 복원이 되는 것 같아."

— 2024 WBC 리트릿 캠프 엄마 참가자 후기 중

그런 이야기들을 듣자 마음이 벅찼다. 누구도 아닌 엄마의 이해를 받는다는 건 등 뒤에 단단한 방패 하나를 얻는 기분이었다. 우리는 모두 누군가의 딸이고, 우리의 엄마도 누군가의 딸이니까. 어느 순간 나이도, 기존의 역할도 지워졌다. 다 함께 섞여 몸을 움직이고 땀을 흘리며 우리는 모두 자신으로서 고유한 채로 존재했다. 우리가 꿈꾸는 이상적인 마을의 모습이기도 했다.

몇 년 뒤에는 하늬, 은진, 하영, 보혜, 정아 등 친구들이 아기와 함께 올 수도 있지 않을까? 그리고 언젠가 그 아이들과 우리가 함께 뛰어놀 날도 올 것이다. 가슴이 두근거렸다.

명해

와일드마을 이웃 구함

 세 번째 리트릿 캠프에서 시도한 여자들만의 마을은 그리스 신화에 등장하는 전설의 여성 부족 아마존에 착안해서 만들어졌다. 왕, 전사, 주민 모두 여자들로만 꾸려졌다는 아마존 왕국은 우리에게 딱 맞는 모델이었다.

 그해 여름, 야성을 품은 100명의 여자들이 신비로운 마이산 자락에 모였고, 안전한 마을에서 부족장, 힐러, 전사 등 새로운 역할을 경험했다. 호혜로운 경제 시스템을 실험했고, 전국의 다양한 커뮤니티들이 모여 더 큰 연대를 모색했다.

 2박 3일간 신기루 같은 마을이 생겨났다가 사라졌다. 꿈같은 마을을 경험하고서 우리는 고민했다. '이 연결이 언제, 어디서나 이어질 수 없을까?' 온라인 와일드마을은 그렇게 시작된 공간이다.

온라인에 구축한 21세기형 네트워크 마을

WBC도 공간을 꾸려볼까 고민한 적이 있다. 오프라인 공간을 열어 사람들이 그곳에 모이고 더 자주 연결되도록 일을 도모하는 것이다. 낭만적인 우리만의 아지트이자, 실재하는 베이스캠프이면서, 행정적으론 사업자 소재지상 번듯한 사무실로 활용될 수도 있겠다.

그러나 고민 끝에 오프라인 공간 대신 온라인상에 마을을 구축하기로 한 것은 확장성 때문이었다. 어느 날, 낯선 이에게 DM을 받았다.

"저는 독일 베를린에 사는데 WBC와 함께할 방법이 있을까요? 온라인으로 연결된 네트워크가 있다고 들었어요."

한나는 독일에 살며 코리아타운베를린@ktb.berlin이라는 한인 커뮤니티를 운영하는 재미난 분이었다. 그녀의 피드에서 러닝 클럽을 비롯해 액티브한 일상 사진을 보며 매력적이라

느꼈고 친해지고 싶다는 생각이 자연스레 들었다. 그렇다면 그녀가 한국에 들어오는 날만 기다려야 할까? 또는 거창하게 베를린 밋업을 열어 그녀를 만나러 가야 할까? 상상만 해도 무겁고 부담스럽다. 모든 이와 그렇게 진하게 연결되기엔 세상에 직접 찾아가고픈 멋진 여자들은 많고 내 인생은 너무 짧다!

멋진 그녀들과 내키면 언제고 연결될 수 있는 느슨한 연결망이 필요했다. 한나의 삶을 알게 된 덕에 나 역시 언젠가 해외살이를 하고 그 안에서 재미난 모임을 꾸려가는 내 미래를 상상해 볼 수 있게 됐으니 말이다. 언제고 베를린과 관련한 기회가 생긴다면 그녀를 떠올리며 도움을 주고받을 수도 있을 테다. 오프라인 만남이 주는 진한 연대감도 있지만, 온라인 연결이 주는 더 넓은 산뜻함이 있다.

오프라인 공간을 망설인 또 다른 이유는 제한성 때문이었다. WBC의 중심이 될 공간이 생기면, 많은 연결과 이야기가 그 공간을 거쳐 이루어질 것이다. 월세를 감당하기 위해서라도 말이다. 공간을 구심점 삼기 위해서 운영진은 운영진대로 더 많은 일을 벌여야 할 테다. 그런데 DAO 실험의 고민처럼, 그 모든 관계와 이야기가 꼭 커뮤니티의 중심을 거쳐야 할까?

WBC를 운영하며 목격한 연결은 오히려 구심점이 산재됐을 때 더 활발하게 일어났다. 당장 미국에 사는 하늬부터가 이미 하나의 베이스캠프였다. LA 출장 가는 길에 하늬와 접선한 지영과 멜라라든지, 하늬처럼 미국인 연인과 미국에서 결혼식을 치르며 하늬와 재회한 양똥, 심지어는 초면인데도 WBC 멤버라는 이유만으로 여행차 미국 서부로 날아가 하늬와 찐한 번개를 연 부나 모두 하늬라는 개인을 중심으로 일어난 연결이었다. 마치 하늬가 WBC 미국 LA지부인 것처럼 말이다.

마찬가지로, 7명의 친구들이 핀란드에서 뭉친 모험도 핀란드댁 나영이 그곳에 있었기에 상상할 수 있는 모험이었다. 그렇기에 하와이로 이주한 하영, 중국에 파견 나간 혜미, 베를린의 한나를 떠올리며, 우리는 언제고 그곳에서 펼쳐질 모험을 그려본다. 삶터를 개척해 나간 이들이 다져놓은 발자취가 다른 여성들의 모험에 불씨를 지피고, 그때부터 '우리'의 모험이 시작되는 셈이다.

실제로 국경을 넘나드는 연결은 오프라인에 고정된 장소 대신 변화하는 사람이 구심점이 되었기에 가능했다. WBC의 멤버들은 유기체가 스스로 생장하듯 저마다 적극적으로 삶의 반경을 뻗어나간다. 중앙에 집중된 웹2.0과 달리, 더 분산되고 개인이 중심이 되는 웹3.0형 커뮤니티다. 운영진의 역할은 그들이 서로 잘 연결되도록 판을 깔아주는 일뿐이다. 우리가 꿈꾸는 21세기형 커뮤니티는 느슨하고 넓게 연결된 네트워크형 마을이었다.

와일드마을 랜선 투어

'와일드마을'은 모험과 야성, 여성 연대의 가치를 지향하는 여성들이 서로 연결된 온라인 장으로 만들어졌다. 이전에도 WBC에 온라인 공간이 없었던 것은 아니다. 멤버십 1기를 시작하던 2022년에는 카카오톡 오픈챗을 개설해 3년간 운영했다. 운영이라기보단 열어놓고 방치했다는 편이 맞겠다. 오픈챗 링크를 인스타그램 프로필에 걸어두니, 커뮤니티가 알려질수록 오픈챗에도 사람들이 야금야금 모였다.

나는 오픈챗이 실은 부담스러웠다. 누구에게나 열린 대화의 장인데도 커뮤니티 활동에 대한 질문이 올라오면 운영진이 답장해야 하는 경우가 많았다. 초반엔 답장을 쓰고 하늬에게 대신 말해 달라고 넘기기도 했다. 오픈챗이라는 익명의 광장에서 마이크를 잡는 일에 위화감을 느꼈다. 나도 모르게 말실수를 하고 대중적으로 미움받을 수 있다는 걱정에, 짧은 메시지를 전송하는 데도 스트레스를 받았다. 말 한마디도 검열해 가며 발화해야 하는 공간이라니. 운영진부터 이렇게 느끼는 커뮤니티 공간이 우리의 안전지대가 될 수 있을까?

나처럼 자기검열하는 이들이 제법 있었던 건지, 그 오픈챗은 대화가 활발하지 않았다. 단체 채팅방의 특성상 소수의 화자에게만 시선이 쏠리는 구조는 탈중앙식 연결과도 거리가 멀었다. 이 구조를 탈피하기 위해 카카오톡, 네이버 카페, 슬랙 등 어떤 플랫폼을 쓸지 고심했다.

디스코드(Discord)는 한국엔 다소 생소한 채널이었다. 해외 소식에 빠른 하늬 말로는, 게임 유저들을 비롯해 미국에선 많이 사용하는 플랫폼이라고 했다. 미국, 유럽의 트렌드가 몇 년 뒤 한국에 확산되는 경향성을 고려하면 국내에서도 디스코드 이용이 늘면 늘었지, 근시일 내 싸이월드처럼 서비스를 종료하고 자료가 다 사라지진 않겠다는 판단이 섰다. 멤버 간의 와글와글한 소통이 쌓이길 바라며, 마침내 새 와일드마을을 디스코드에 만들었다. 와일드마을에는 '마을 주민 소개' 채널을 비롯해 '운동/일상 번개' '모험 후기' 게시판이 있다.

WBC의 가장 큰 매력은 아무래도 사람이다. 이십 대 후반에 접어든 뒤부턴 새로운 사람을 만날 기회가 대개 줄어든다. 내향인인 나로서는 일부러 사람을 만나러 나다니지도 않기에 더 그렇다. 그렇기에 WBC로 만나는 멋진 여자들에게 영감과 활력을 꾸준히 받을 수 있어서 다행이다.

마을에 입주한 주민들은 자신을 마음껏 자랑하고 소개한다. 관심사, 좋아하는 아웃도어 활동, 자주 하는 생각, 본캐 소개, 꿈 등 자신에 관한 무슨 이야기든 좋다. 와일드우먼들의 멋짐, 아름다움에 대한 더 많은 정보를 나눌수록 우리는 더 다채로운 연결을 상상한다.

언제고 자연으로 떠나고 싶을 땐 '운동/일상 번개' 게시판에 글을 올리면 된다. 도전해 보고 싶었던 운동이나 글쓰기, 맛집 투어 등 일상을 나누는 번개도 좋다. 와일드마을은 여자들이 서로를 발견하고 연결되는 만남의 장이니까!

좀더 정기적인 만남이 필요하다면 동아리 부원을 모집해 운영할 수도 있다. 각자 인생의 숫자를 탐색하는 숫자 동아리, 정기 구독 콘텐츠를 함께 읽는 인사이트 스터디 동아리, 홈페이지 만들기 동아리 들이 꾸려져 삶의 모험을 함께했다.

사는 게 바빠 당장 새로운 모험을 시작할 수 없는 이들이라면 '모험 후기'만 들여다봐도 좋다. 바라던 모험에 뛰어든 소감을 나누는 공간이다. 영하 15도의 날씨에 동굴 백패킹을 다녀온 후기, 생애 첫 한라산 일출 산행 이야기, 13시간이 넘는 설악산 우중 산행 '썰'들이 쏟아진다. 분명 자랑 같은 모험담인데도 질투가 나기보다 사랑스럽게 읽히는 건, 그들의 두려움과 도전이 꼭 내 것과 같이 느껴지는 묘한 동질감 때문이다.

나는 마음에 콕 박히는 모험담은 버킷리스트로 저장해 둔다. 하나의 모험은 또 다른 모험의 불씨를 당긴다. 나의 모험담은 우리의 삶에 단단한 영감과 응원이 되어준다.

'홍보방'과 '수다방' 같은 응원 공간도 있다. 벌써 4년 넘게 활동하다 보니 어느덧 주위에 와일드우먼들이 포진해 있음을 깨달았다. "너도 WBC였어?" "어, 너도?" 이렇게 숨은 와일드우먼 마피아들을 일상에서 우연히 마주치는 순간이 있다. 이름하여 '와피아 모먼트'다. WBC와는 별개로 운영했던 탐조 캠프에서 일면식도 없는 참가자들과 캠프파이어를 한 적이 있다. 돌아가며 자기소개를 하기에 WBC를 운영하고 있다고 소개하니, 그 자리에 있던 6명의 여성 참가자들 모두가 이미 WBC 계정을 팔로우하고 있다며 팬이라고 말해 어안이 벙벙했던 기억이 난다.

그런가 하면 커리어적으로 와일드우먼들끼리 연결되기도 한다. WBC에서 만난 성연의 제안으로 대안학교 선생님으로 진로를 바꾼 수빈도 있다. WBC 하이킹 마마 프로그램으로 인연을 맺은 지민은 자신이 참여하는 섬 특성화 사업에서 인천 자월도에 트레킹 코스를 개발할 때 그 자문 역할을 WBC에 제안해 새로운 기회를 만들어주기도 했다. 사회 곳곳에 포진된 와피아들은 어느덧 취미를 넘어 삶의 도전에서도 서로를 이끌어주고 있다.

나이로 서열 정리하듯 커뮤니티 활동에서 직업을 밝히는 게 불필요한 위계 의식을 조성할까 봐 본캐에 대한 이야기는 자제했다. 그러다가 이런 말을 들었다.

"저는 일 얘기하는 게 제일 재밌는데, WBC에선 아웃도어 얘기만 하고 제가 무슨 일 하는지 얘기하면 안 되죠?"

그 피드백을 듣고 아차, 싶었다. 나만 해도 WBC 꾸려가는 얘기가 제일 재밌는데! 우리가 함께 나이 들어가려면 아웃도어 활동뿐 아니라 일, 관계, 꿈 등 삶의 다양한 고민을 공유할 수 있는 공간으로 그릇이 커져야겠구나 싶었다. 삶의 중요한 이야기들을 나누지 못한다면 취미 활동만 함께 즐기는 한 시절의 인연에 불과할 테니 말이다.

우리의 연결이 느슨하길 바라지만 겉도는 이야기들로 변죽만 울리는 얄팍한 관계로 남진 않기를, 서로를 배려하는 다정함 속에서 가벼움과 무거움의 적당한 거리감을 지혜롭게 찾길 바란다. 멤버들이 저마다의 모험에 커뮤니티란 뒷배를 현명하게 활용할 수 있다면 더없이 좋을 것이다.

와일드마을이 네트워크 마을로 확장하기 위해 '모험지'도 적극적으로 발굴하며 늘려갈 예정이다. 앞서 얘기한 LA댁 하니와 같이, 멤버들이 언제고 반갑게 만날 수 있는 오프라인 공간과 호스트 멤버를 아카이빙하는 것이다.

예를 들어, 전주에 가면 든든한 모아와 그녀가 속한 지향집@jihyang.zip 커뮤니티가 있다. 충남 예산에는 언제나 친정 같은 혜선의 밤 농장, 전북 장수에는 하영이 남편과 만들어가는 트레일러닝 대회@jangsutrailrace도 있다. 직접 만든 캠핑카를 타고 세계여행을 하며 현지 투어를 여는 수향도 그 자체로 모험지, 움직이는 베이스캠프이지 않을까?

중요한 건 공간이 아닌 사람이다. 혜선이 있기에 예산에 한 번 더 눈길이 가고, 하영이 있기에 하고많은 트레일러닝 대회 중에 꼭 장수 대회에 나가고 싶어지는 것처럼 말이다. 멤버들은 저마다의 자리에서 각자 베이스캠프가 되어 서로를 반겨줄 것이다.

사람이 중심이 되어 연결된 와일드마을은 지도 위에 점점이 핀을 꽂고 그 위로 얼기설기 실이 얽힌 꼴과 같다. 실체 없이 관계로 존재하는 네트워크 마을. 한 사람 한 사람 모일수록 마을은 더 복잡해지고 확장된다. 저마다의 욕망을 따라 이 그물망은 세계 어디로든 뻗어나갈 것이다. 세계 곳곳의 도시를 떠올릴 때마다 동시에 떠오르는 친구가 있다는 건 더없이 멋진 일이지 않은가. 그곳이 어디든, 우리가 어디에 있든, 얼마든지 연결될 수 있다.

그러니 이 만남의 장에 느슨하게 오래도록 접속하고 싶다면? 와일드마을에서 만나요!

명해

책상 앞 모범생, 움직임 축제를 열기까지

온 동네를 헤집고 다니던 망아지

유년 시절의 나는 고삐 풀린 망아지였다. 초등학교 수업이 끝나면 해가 질 때까지 아파트를 누비고 다녔다. 혼자인 날은 화단의 나무에 매달려 매실을 땄다. 매실이 없는 계절엔 콘크리트 바닥에 떨어진 비비탄 총알을 주우러 어슬렁거렸다.

친구가 있는 날은 롤러블레이드나 자전거를 탔고, 친구가 여럿이면 피구와 '경찰과도둑' 게임을 하며 놀았다. 극성맞은 조기교육이나 입시 경쟁과는 동떨어진, 자유롭고 신나는 어린 시절을 보냈다.

망아지는 자라 인문계 고등학교에 진학했다. 책상 앞에 몸을 묶어두고 머리만 쓰는 날들이 시작된 것이다. 야간 자율학습이 시작되고는 해 뜨면 학교, 해 지면 집만 쳇바퀴처럼 오갔다. 마음껏 뛰놀며 넘치는 에너지를 분출하지 못하는 생활이 영 갑갑했다. 다채롭던 하루는 빠르게 단조로워졌다.

얼마 못 가, 수영장에 등록했다. 새벽 운동은 잠만 줄이면 가능했기 때문이다. 샤워하는 김에 운동도 하자는 단순한 속셈도 있었다. 새벽 5시에 알람이 울리면 눈을 반쯤 뜬 채로 삼겹살부터 구웠다. 새벽 공복에 수영까지 하면 등교도 하기 전에 허기가 졌다. 수영이 끝나면 교복을 입고 한적한 수영장 전망대에 앉아 삼겹살 도시락을 까먹었다. 오리발과 도시락 가방을 바리바리 챙겨 등교하는 치열한 입시 생활이 이어졌다.

고3이 되어 처음 진로를 고민했다. 물을 좋아하는 데다 꾸준히 몸을 움직이며 살고 싶단 생각에 해군사관학교를 떠올렸다. 그런데 때마침 천안함 피격 사건이 터졌다. 죽는 건 무서워서 군인은 포기했다. 그러고는 국공립 공대에만 지원했다. 사관학교처럼 장학금도 많거니와, 졸업 후 밥벌이도 안정적이겠지 싶었다. 내 성향상 연구자의 삶도 잘 맞으려니 했다. 마음보단 머리로 내린 결정이었다. 성적순으로 유명한 공과 대학에 원서를 넣고 휘뚜루마뚜루 진로 고민을 넘겼다. 그렇게 10여 년이 흐르고서야 비로소 의문을 품었다.

'어릴 적부터 몸 움직이는 걸 참 좋아했는데, 왜 체대나 체육 분야의 진로는 생각하지 않았을까?'

'무브 코펜하겐'에 가려고 퇴사합니다

그렇게 공대생이 되고 10여 년 뒤, 나는 덴마크 코펜하겐의 어느 항구에서 사흘째 야영 중이었다. 퇴사까지 하고 움직임 축제 '무브 코펜하겐'을 보러 먼 이국까지 간 것이었다. 전 세계에서 모인 '무버(mover)'들의 구슬땀을 보고 있자니 마음이 웅장해졌다.

무학과로 공대에 진학해 2학년 차, 학과를 선택할 때부턴 마음이 조금씩 소리를 높였다. 친했던 친구 둘이 생명공학을 전공하고 의학전문대학원으로 빠졌고 나도 생물을 좋아했기에 친구들을 따라갈까 심히 고민했지만, 가족들과 자주 다니던 바다와 산이 어른거려 환경공학을 선택했다. 기후 변화가 심해질 테니 그래도 환경은 유망한 진로라고 머리를 설득했다. 캠퍼스의 환경문제를 해결하는 학생 기구도 만들어가며 왕성하게 활동했다. 졸업 후 녹색성장대학원에 진학했고, 첫 직장생활도 비영리 환경 재단에서 풀뿌리 환경운동을 지원하는 일이었다.

환경 분야로 꾸준히 경험을 쌓아왔지만, 나는 늘 잿밥에 관심이 컸다. 대학 입학 원서를 쓸 때도 학교에 수영장이 있는지부터 확인했고, 입학하고도 전공 공부보다 수영 동아리 활동에 열과 성을 다했다. 대학원에선 밤새워 연구하다가도 가본 적 없는 응급실을 산행 훈련을 하다 실려 갔다. 환경 분야 재단에 취직하고서도 '퇴근박'을 떠나려 박배낭을 메고 출근하거나 연차를 끌어모아 원정 산행을 가는 데 골몰했다.

나이가 들수록 이중 생활이 피곤했다. 유망한 진로, 화려한 스펙, 허울 좋은 가치를 좇으면서도 마음속으론 온통 밖에서 뛰어놀 궁리만 했다. 그냥 내가 좋아하는 일 하면서 살면 안 되나? 일과 삶을 일치시키고 싶었다. 서른이 되기 전엔 지지부진한 진로 고민을 끝내야 했다.

1년간 휴직을 하고 세계 이곳저곳을 방랑했다. 온전한 자유가 주어졌을 때 내 발길이 어디로 향하는지 두고 보자. 뭔가 다른 결과가 나오지 않을까 했지만, 산티아고를 걷고 킬리만자로를 오르고 바다만 보이면 물 만난 물고기처럼 뛰어드는 자신을 보고 인정할 수밖에 없었다.

'나는 이렇게 살아야겠다.'

새로 발견한 사실이라면, 혼자가 아니라 함께 움직이고 싶단 점이었다.

무브 코펜하겐은 매년 여름 덴마크에서 열리는 세계적인 움직임 축제다. 슬랙라인(밴드 형태의 납작한 끈을 나무나 기둥 사이에 팽팽하게 묶은 후, 그 위에서 균형을 잡는 스포츠), 핸드밸런스(물구나무서기 등 신체를 손으로 지탱하여 균형을 유지하는 동작 또는 기술), 파쿠르 등 잘 알려지지 않은 움직임을 즐기던 열혈 동호인들이 알음알음 모여 자신의 종목을 서로 가르쳐주고 배우던 소모임이 시작이었다. 그 모임이 커져 전 세계의 내로라하는 움직임 덕후들이 코펜하겐에 모여 서로의 움직임을 나누고 연대하는 축제로 발전했다. 이후 각종 요가, 춤, 서커스, 주짓수나 레슬링, 무술로 종목이 다양하게 확대되었다.

파쿠르 코치인 남편 지호를 통해 무브 코펜하겐을 처음 알게 되었다. 지호는 5년 전 파쿠르 코치로 초청받아 무브 코펜하겐에 참여했다. 열흘 뒤, 새까맣게 타서 돌아온 그는 잔뜩 상기된 표정으로 그곳의 사진을 보여줬다. 가벼운 옷차림에 편안하게 몸을 움직이며 활짝 웃고 있는 사람들. 아이처럼 뛰노는 어른들 수백 명이 한데 모여 마음껏 뛰고 구르고 헤엄치며 뜨거운 여름을 보냈다는 이야기를 듣고, 나는 꿈을 꾸는 기분이었다.

세계 여행을 마치고 복직한 그다음 해에 무브 코펜하겐 홈페이지에 공지가 올라왔다. 코로나를 겪으며 조직의 사정이

마지막으로 열렸던 '2023 무브 코펜하겐'. 자유롭게 움직이는 사람들의 모습은 설렘을 안겨주었다. 중간 사진은 슬랙라인, 하단 사진은 핸드밸런스를 하는 모습이다.

4장 여기 문밖에 우리의 진짜 삶이 **275**

어려워져 2023년 10회를 끝으로 무브 코펜하겐 개최를 잠정 중단한다는 소식이었다. 더 미룰 이유가 없었다. 사직서를 쓰고 덴마크행 비행기를 끊었다. 수백 명의 어른들이 아이처럼 함께 뛰노는 모습을 내 눈으로 직접 확인해야 했다.

움직이는 즐거움이 환대받는 세상

무브 코펜하겐을 다녀온 뒤론 크고 작은 도전이 있었다. 여성 아웃도어 커뮤니티를 애면글면 5년째 운영하고 있고, 축제라기에 부끄러운 규모지만 3년 정도 작은 움직임 축제를 열기도 했다. "나답게 움직여 봐. 움직일수록 나를 더 사랑하게 될 거야"란 메시지로 한국에 축제를 열었을 때, 얼음땡 하며 깔깔 뛰어다니던 어른들, 태어나서 처음 춤을 춰본다는 분, 움직이는 삶을 사랑하는 이들이 서로 연결되고 환호하고 감동했던 순간들이 떠오른다.

"그만 놀고 공부하렴."

머리가 클수록 몸을 움직이며 즐거워하는 일은 어른스럽지 못하다고 생각했다. 운동보단 공부를, 블루칼라보단 화이

트칼라를, 지(知)가 체(體)보다 추앙받는 사회의 시선을 자연스레 따랐다. 엘리트 선수가 아닌 한, 나같이 일상적으로 뛰노는 것을 좋아하는 생활체육인이 운동을 취미 이상의 진지한 진로로 삼는 건 어렵다 여겼다. 그건 '노는 일'이고, 성실한 한국 사회에서 '노는 어른'은 성숙하지 못하다. 그래서 어른이 될수록 마음껏 움직이고, 움직이는 삶을 권하고, 움직임의 가치를 나누는 일을 업으로 삼을 수 있으리라고 상상해 본 적이 없다.

영남알프스에서 열리는 '울주 트레일 나인 피크' 대회에 현장 스태프로 참여한 적이 있다. 1등 주자가 결승선을 통과하고 있었다. 오랜 훈련으로 까맣게 그을린 피부, 군살 없이 탄탄한 몸매, 우승에도 호들갑스럽지 않은 묵묵함이 인상 깊었다. 21시간, 124킬로미터, 9개 산봉우리를 찍는 대장정을 치른 그는 땀에 절어 초췌했지만, 내게는 그 모습이 그 어떤 메이크업이나 스타일링보다 반짝반짝 빛났다.

고백건대, 나는 거침없이 내달리고 땀 흘리는 이들을 흠모한다. 태양 아래 찬란히 빛나는 몸을 바라볼 때면 형용할 수 없이 큰 애정을 느낀다. 몸을 움직이며 거친 자연을 누비는 이들, 야성을 탐험하는 이들을 선망한다. 그 순간 속에 내가 생생히 살아 있음을, 우리가 오롯이 연결됨을 느낀다.

일이란 단순한 밥벌이 수단을 넘어 내가 이 세상을 사랑하는 방식이라고 생각한다. 나는 세상에 내게 소중한 것 중 어떤 걸 내줄 수 있을까? 몸을 움직이던 시간 속에서 내가 느낀 생명력과 아름다움을 이제는 직접 만들어가는 게, 내가 이 세상에 내줄 수 있는 가장 소중한 무언가가 아닐까 믿기로 했다. 더 많은 사람이 건강하게 몸을 움직이며 자연을 느끼고 그 과정에서 타인과 오롯이 연결되는 감각을 경험해 보길. 남녀노소 할 것 없이 몸을 움직이는 즐거움이 환대받는 세상이 되길 바란다. 사람들이 자연에서 함께 몸을 움직이는 시간과 공간, 관계망을 만들어가고 싶다.

아파트를 헤집고 다니던 어린 시절의 나는 어른이 된 내가 "같이 뛰어 놀아요"라고 말하는 일을 업으로 삼을 줄 짐작이나 했을까? 어린 내가 지금의 나를 본다면 오히려 좋아했을지도 모르겠다. 여전히 움직이며 살고 있구나! 먼 길을 돌고 돌아, 나는 나로 살고 있다.

하늬

불확실한 날들이 주는 자유

WBC를 대하는 마음

"솔직히 WBC에 얼마만큼이나 시간을 쓸 수 있어요?"

명해가 물었다. 그때 막 퇴사한 직후였던 명해는 WBC를 풀타임 커리어로 할지 가늠해 보던 시점이었고, 나와 지영은 이미 스스로 꾸린 프로젝트가 어느 정도 돌아가고 있던 때였다. 1박 2일의 자체 워크숍에서 나눈 깊은 대화 끝에, 우리는 WBC가 짧고 굵기보단 가늘더라도 긴 수명을 갖길 원한다는 합의에 이르렀다.

이 결론을 내리기까지, 우리는 각자 하고 싶은 일이 분명히 있다는 것을 확인했다. WBC는 우리 셋의 관심사가 겹치는 공동의 프로젝트다. 다른 일보다 WBC로 쓰는 시간이 더 많을 때도 있었다. 퇴직금이나 유급휴가가 있는 안정적인 직장을 선택하지 않은 삶에 대한 불안함을 뒤로하고, 각자 원하는 모습의 삶을 스스로 만들어가려는 사람들이 모였기에 가능한 일이었다.

진정성 있는 커뮤니티를 운영하는 건 경제적 보상은 적고 공수는 많이 드는 작업이지만, 이 또한 우리가 하고 싶은 일이다. 긴 수명을 가진 커뮤니티가 되려면 만들어가는 사람들의 자발성과 진정성은 필수다. 오히려 '돈도 안 되는' 일이기에 누구 눈치 볼 것 없이 매년 다양한 실험을 할 수 있었는데, 그러다 보니 재밌어서 계속하고 싶어졌다.

나, 지영, 명해로 시작해서 지금은 애진까지 4명이 된 WBC 운영진은 이내 거짓말이 된다는 걸 알면서도 항상 똑같은 말을 반복한다. "이번 시즌엔 힘 좀 빼자. 기존 프로그램은 계속 운영하고 새로 일 만들지 말자." 이 말이 무색하게 WBC에 원래 투입하기로 한 시간을 훌쩍 넘기면서, 우리는 기획하는 프로그램 하나하나에 온 힘을 쏟는다. 누가 시켜서 하는 것이 아닌, 내 삶을 꾸려가는 사람의 마음으로.

커리어도 모험이니까

운영진들의 공통점이 있다면, 기꺼이 자기 삶을 불확실성 속으로 밀어붙이는 여자들이라는 것이다. 지금 하는 일이 내년의 승진을 보장해 주지 않는, 이 긴 동굴을 어떻게 빠져나갈지 답이 정해져 있지 않은 각자의 커리어 모험기를 쓰고 있다. 지영은 기존에 없던 공간 기획자로 고독스테이를 운영하고, 명해는 수영장 사장님이 되기 위한 준비를 차근차근 하고, 애진은 웹3.0 커뮤니티 디자이너로 일하며 굿과 샤머니즘을 탐색한다.

나 역시 일은 돈을 버는 수단이기보다는 내가 믿는 가치를 실현하는 도구에 가깝다. 처음부터 회사원은 내 선택지에 없었다. 한국에서만, 혹은 한곳에서만 평생 살고 싶지 않아서 국제 개발 단체에서 활동가로 일하거나 인류학자가 되고 싶었다. 익숙하고 안정적인 곳을 벗어나 낯선 곳에 가서 그곳에서만 경험할 수 있는 일상을 살고 싶다는 꿈이 있었다.

결혼을 한다면 남편도 회사원이길 바라지 않았다. 프리랜서 외신 기자로 재택했던 아빠를 둔 덕분에, 자기 일을 하면서 계절에 따라 소소한 일상을 소중한 사람들과 함께 누리는 시간적 유연함의 유익을 알았다. 대학원 석사 과정을 마치고 사회 혁신가들을 돕는 글로벌 비영리 단체의 한국 지부에서 첫 커리어를 시작하며, 호시탐탐 해외로 나갈 기회를 노렸다. 그게 결혼으로 이루어질 줄은 몰랐다.

　첫 데이트부터 이 남자가 좋았다. 처음 들어보는 직업을 가진 이 남자는 미국 중부의 미네소타주 시골에서 기회의 땅 서울로 날아와 게임 해설자로 6년째 살고 있었다. 서울이 너무 좋지만 일도 너무 사랑해서, 커리어 기회가 있다면 어느 나라든 갈 거라고 했다. 아웃도어와는 거리가 먼 사람이지만 삶을 모험하는 자세가 맘에 들었다.

　우리는 신나게 연애했다. 그가 LA에서 시작하는 게임 리그에 합류하면서 우리는 결혼해서 서로에게 낯선 도시인 LA로 이사 갔다.

　그렇게 1년마다 계약을 연장해야 하는 직업을 가진 사람이 남편이 되었고, 내년, 내후년을 계획할 수 없는 삶의 모험을 함께 떠났다. 한집에서 같이 살려면 그의 상황에 맞게 나도 이동하면서 할 수 있는 일을 찾아야 했다.

　바라던 바였다. 원하는 조건에 딱 맞는 일자리를 찾는 것보다, 오히려 내가 그동안 해왔던 걸 가지고 나만의 일을 만드는 편이 수월했다. LA로 이사를 오던 해, 나는 한국과 미국을 오가며 일할 수 있는 교육 비영리 단체 '유쓰망고'를 시작했다.

불확실한 날들이 주는 자유

'유쓰망고'는 "청소년들이여(youth), 망설이지 말고 Go!"의 줄임말이다. 한국의 청소년들이 수능 시험 준비로 점철된 청소년기를 보내는 게 아닌, 해보고 싶은 일을 망설이지 않고 하며 자기를 찾길 바라는 마음으로 지었다. 중고등학교 교사들을 대상으로 교육 및 워크숍을 진행하며 청소년들이 자신의 관심사로 시작한 프로젝트를 해볼 수 있도록 도왔다.

나도 그 이름처럼 살아야 했다. LA와 한국을 오가며 내가 옳다고 생각하는 일을 망설임 없이 행동으로 옮겼다. 1년에 1,000명이 넘는 교사를 만났고, 다양한 학교를 접했다. 나의 노력으로 고질적인 한국의 교육 문제가 하루아침에 바뀌지 않겠지만, 눈에 보이지 않는 일에 신념을 가진 사람들과 만나니 작당할 때처럼 신났다.

일하는 곳도 자유로웠다. 2017년부터 LA와 한국을 2개월씩 번갈아 살기를 3년, 동네 카페며 공항이며 기차역이며, 내가 움직이는 곳은 어디든 사무실이었다. 일하는 시간도 내가 정하기 나름이었다. 내가 하는 만큼 성장하는 조직을 운영하며, 미래는 불확실하지만 나에게 모든 주도권이 있다는 사실이 오히려 삶을 단단하게 했다.

디지털 노마드로 살다 보니, LA에서 5년 반을 살았지만 이곳에 계속 있을 이유도, 미네소타로 이사를 가지 않을 이유도 없었다. 몇 차례 시험관을 시도한 끝에 마침내 임신이 된 후, 우리는 남편의 가족이 있는 미네소타로 이사했다. LA보다 집값이 훨씬 쌌고, 아무래도 아이를 키우려면 가족들과 가까이 사는 게 좋겠다는 판단이 들었다.

우리는 2023년 3월 첫 주 주말에 미네소타에서 머물면서 집을 보러 다녔다. 토요일 하루에만 집을 여덟 군데나 봤는데, 그중 가장 마음에 드는 곳이 일사천리로 '우리 집'이 됐다.

시간은 흘러 어느새 5월이 되었고 이삿짐을 트럭으로 보낸 우리는 트렁크를 가득 채운 차를 타고 미국을 횡단했다. 그때 나는 임신 30주의 만삭이라 중간중간 쉬어서 5일이 걸렸다. 둘이었다가 셋이 쓰는 모험기의 새로운 장을 여는 데 이만한 여행이 없었다.

정착하는 삶에 대한 두려움

얼떨결에 장만한 집에서 6월에 딸아이를 낳았다. 유쓰망고도 WBC도, 출산한 해 여름부터 잠정적 휴식기에 들어갔다. 다행히 애진이 합류한 뒤라 WBC 운영진은 다시 3명이 되었다.

막상 신생아를 키우다 보니 이곳에 정착하는 건 아닌가 걱정이 되기 시작됐다. 때가 되면 집을 사고, 아이를 낳고, 우리도 결국 그 공식에서 벗어나지 못하는 건 아닌지 자문했다. 정착하는 삶에 대한 두려움은 사실 아무런 시도도 하지 않는 루틴에 내 삶을 가두는 것에 대한 두려움이기도 했다.

그런 고민에 사로잡혀 있을 때쯤, 재밌어 보이는 기회가 왔다. 한국의 의류 브랜드가 LA, 그것도 내가 이사 오기 전에 살던 동네에 지속가능패션 플래그십 스토어를 오픈하는데 영어와 한국어가 모두 가능한 운영 총괄 매니저를 찾는다는 것이다. 사회에 긍정적인 영향을 미치고 싶은 나에겐 교육에서 환경으로 주제가 바뀐 것일 뿐, 없는 것에서 무언가를 만들어가는 업무의 맥락은 비슷했다.

하지만 미국 시장 진출의 성공 여부에 따라 스토어가 1년을 버틸지, 5년을 버틸지는 아무도 몰랐다. 6개월 된 아기와 다시 미국 횡단 이사를 감행하기엔 너무 불안했다. 미네소타 집을 사는 데 그나마 저축한 목돈을 다 써버렸기에, LA에서는 월세살이로 돌아가야 했다. 한편으로는 이렇게 계속 떠돌며 사는 게 맞나 하는 의문도 들었다. 불확실한 날이 주는 자유의 단맛을 알지만, 확실한 것이 주는 안정에 목말라 있기도 했으니까.

'망고' 정신이 필요한 순간이었다. 뻔한 길은 언제든 돌아올 수 있는 길이라고 되뇌었다. 우리 세 식구는 확실치 않은 미래에 대한 새로운 도전을 받아들였다. 스토어 오픈일에 맞춰 먼저 LA로 간 나 때문에 남편은 미네소타에서 혼자서 두 달 동안 육아하면서 이삿짐을 쌌다. 방 다섯 개에 정원 딸린 집에서 방 하나짜리 아파트로 옮겨 다시 도시 생활을 시작했다.

내가 오롯이 아이를 돌봐야 했던 기간이 생각보다 짧게 끝나고 출퇴근하는 풀타임 잡을 시작하자, WBC도 다시 눈에 들어왔다. '가뜩이나 미국에 사는 기간도 길어지는데, 내가 기여할 일은 점점 줄어들겠구나' 하는 아쉬움이 생기던 차였다. WBC를 놓고 싶진 않았다. 정착하지 않고 하고 싶은 일에 계속 도전할 수 있게 해주는, 언제든 해보고 싶은 게 있으면 같이 하자고 제안할 수 있는 친구들이 가득한 곳이기 때문이다. 한국을 근거지로 활동하는 WBC와 함께하기 위해서는 온라인으로 협업할 수 있는 구조로 새로운 일을 만들어야 했다.

그렇게 해서 2024년 1월에 시작한 서비스가 WBC의 뉴스레터 '모험찌라시'다. 각종 아웃도어·스포츠 행사, 영감이 되는 모험가들의 이야기, 와일드우먼들의 소식 등 모험 관련 정보를 모아 이메일로 발송한다. 자연의 시간에 귀를 기울여보라는 의미로 매달 보름달이 뜨는 날 보내기로 했다. 이제는 매달 환한 밤이 오기를 기다린다. 자전거로 퇴근하는 길에 보름달을 보면, "오늘은 찌라시 보내는 날!"을 외치며 신나게 페달을 밟는다.

망고 정신으로 시작한 WBC가 구체적인 모습을 갖추면서 나의 삶은 더욱 재밌어졌다. 상상이 현실이 됐지만 그 끝은 알 수 없다는 점이 나를 설레게 한다. 우리의 미래는 언제나 그랬듯 불확실하지만, 그래서 무엇이든 할 수 있다는 사실이 나를 자유롭게 한다. 지금의 상황으로 인해 어떤 일을 완전하게 해내기 어렵다고 해도 괜찮다. 상황에 맞춰 내 일의 모양을 바꿔가면 된다.

나는 계속 떠날 것이다

결국, 어떤 두려움이 더 큰지가 문제다. 내 경우엔 정착하지 않는 삶으로 인해 온갖 고난이 따랐지만, 정착했을 때 정체될 것 같은 두려움이 더 컸기에 이 길을 선택하지 않을 수 없었다.

다시 LA로 돌아와 살면서, 우리는 정착하지 않는 삶을 꾸려나가기 위해서는 훨씬 열심히 살아야 한다는 사실을 깨달았다. 그래도 우리가 좋아하는 일을 하고 있다는 것에 안심한다. 기존에 없던 길을 내고 있다는 데 만족한다. 나를 믿는 수밖에 없다. 불안과 걱정 없이 내 일을 스스로 만들어서 살아가려면 언제, 어디서 새로 시작하더라도 잘 해낼 수 있다는 근거없는 자신감과 자존감이 필요하다.

"아, 바로 이것이었어. 안정은 너무나도 따스하고 아늑해. 그리고 완전하기까지 하지. 그 속에서 나는 참으로 조화로운 삶을 누릴 수 있다는 것을 잘 안다. 하지만 그것을 꽉 붙들고 놓지 않는 데에서부터 권태와 피로가 나를 짓누를 것이다. 흥미는 발붙이지 못하고 달아날 것이다. 언제든지 훌쩍 떠날 수 있는 상태가 아닐 때 안정은 그 자체로 내게 속박이 된다. 부자유다."

— 이혜미, 『잠정의 위로』, 위즈덤하우스, 2025, 22~23쪽

안정 속에서 잠정을 갈구하고, 잠정의 상태에서 안정을 느끼는 이 이상한 존재의 상태를 해부한 혜미의 책을 읽고 비로소 안도했다. 정착에 대한 두려움은 곧 무엇이든 될 수 있는 미래의 내 모습을 잃어버리는 데 대한 두려움이었다. 그런 두려움이라면 갖고 있는 편이 나았다.

열이면 열, 내가 읽은 모험기는 주인공이 자기가 태어나 살던 동네를 떠나면서 시작한다. 안락해 보이는 환경을 과감히 등질 수 있을 때, 새로운 기회가 찾아온다.

나는 떠났다.

계속 떠날 것이다.

지영

우리는 왜 여자들을 데리고 자연으로 나갔을까

연약하기 때문에 함께

아직 존재하지 않는 것을 상상하고 만들어가는 과정에서는 여러 질문과 필연적으로 마주한다. 어떤 질문은 아주 투명하다. 그래서 구태여 끝까지 파고들지는 않았던 오랜 질문과 만나기도 한다. 우리가 가장 많이 받은 질문은 아마도 이것일 것이다.

"왜 여성들만 받나요?"

이 질문은 여성성을 어떻게 정의하는지, 왜 우리는 여성만 초대하는지에 대한 본질적인 물음을 품고 있다. 그래서 나 역시, 되레 나 자신에게 질문했다. 왜였을까?

어렸을 적부터 내가 여자라는 사실이 좋았다. 어여쁘고 아름다운 것이 좋았고, 연약한 존재를 보면 돌봐주고 싶은 마음이 들었다. 할머니가 4대 독자라고 남동생에게만 용돈을 2배로 주어도, 내가 여자인 사실을 바꾸고 싶지는 않았다. 여성으로서 마주하는 사회의 불합리함을 겪을 때도 여성성을 버리고 싶다는 생각은 하지 않았다. 그러나 어른이 되며 '여성스러움'을 갖춰갈수록, 무엇을 하든 무거운 시선이 먼저 나를 따라왔다. 여성이기에 나는 연약해야만 한다고 강요받는 것 같았다. 나를 보호한다는 핑계로 가로막는 것이 너무 많았다.

나는 자유롭고 싶었다. 자연 속에서는 내가 질 수 있는 무게만큼 자유로울 수 있었다. 필요한 것, 먹고 싶은 것을 다 담고도 오래오래 걷고 싶었다. 그래서 나는 더 강해지고 싶었다. 그런데 정말 그것만이 답일까? 아웃도어 활동은 여성성에 대한 나의 시선을 바꿔놓았다. 길을 안내하고, 짐을 나눠드는 남자 친구들과 함께하는 순간은 분명 고마웠지만, 마음 한편에는 질문이 맴돌았다.

'나는 누군가의 도움을 받을 수밖에 없나?'

그래서 스스로 감당해 보기로 했다. 여자들만 함께 가는 백패킹은 그래서 필요했다. 온전히 나 자신의 한계를 실험해 보기 위해서. 그런데 그 여정들에서 배운 것은 전혀 예상치 못한 것들이었다. 우리는 그동안 큰 배낭을 메고 지리산, 설악산, 덕유산 등 여러 산을 함께 올랐다. 힘들어하는 친구를 먼저 알아차리고 약이나 간식을 챙겨주기도 하고, 서로의 상태를 살피며 공감을 나눴다. 목표했던 길의 절반밖에 걷지 못한 날에도, 우리는 누구보다 서로를 자랑스러워했다. 함께 이 길을 걸어냈다는 사실, 그것이 우리를 하나로 단단히 묶어주었다. 그렇게 나의 한계를 실험해 보려고 했던 도전에서 나는 스스로 더 강해지는 법보다 서로 기대면서 함께 나아가는 법, 연약한 나를 받아들이고 타인을 감싸 안는 법을 배웠다.

나는 빠르게 정상을 찍는 방식만이 도전의 전부는 아니라고 믿는다. 거친 산의 정상을 최단 시간에 찍는 방법이 아니더라도 우리는 도전의 가치를 음미할 수 있다. 준비 과정에서의 세심한 배려, 뒤처지는 친구를 챙기는 다정한 손길, 사소하지만 필요한 돌봄들, 그 모든 것이 없었다면 결코 완주할 수 없었을 것이다. 그러나 이런 돌봄은 '당연한 것'으로 여겨져 주목받지 못하곤 한다. 그래서 나는 말하고 싶었다. 연약했기에 우리는 함께 모험을 떠날 수 있었다고.

약한 존재들에게 보내는 초대장

"여성적인 것은 세상 모든 약한 것들과의 연대이다."
— 변영주, 『창작수업』, 창비, 2024, 61쪽

여성들은 남성보다 약한 것들을 더 많이 보고 신경 쓰게 된다는 변영주 감독의 글을 읽으며 왜 내가 나의 여성성을 사랑했는지, 왜 그렇게 지켜내고 싶었는지 이해할 수 있었다.

함께하는 존재로서의 나는 연대가 필요하다. 그리고 나는 약한 것들과 연대하고 싶다. 강한 사람 하나가 일방적으로 보호해 주고 다른 이들은 보호받는 것이 아니라 약한 존재들이 서로를 살피고 돌보는 모습이 나에게는 소중하다. 그리고 여리고 약한 것은 연대할 수 있기 때문에 강하다. 적어도 서로를 지킬 수 있을 만큼은 강하다.

왜 여성들만 받느냐는 질문에 다시 답해 보겠다. 우리는 배제하기 위해서가 아니라, 섬세하고 다정한 연대의 힘을 실험해 보기 위해 먼저 여성들과 함께한다. 몸과 마음을 함께 쓰며 자연 속으로 들어가고, 서로를 살피고, 연대의 힘을 실험해 본다.

한국관광공사가 주관하는 포럼 중 '여성 기업가 정신'이라는 주제로 관광 분야의 여성 창업가들과 실무자들 등 다양한 사람이 참석한 자리에서 WBC를 소개할 기회가 있었다. 리더십은 항상 강해야만 할까? 강하다는 건 어떤 걸까? 여성의 리더십이란 어떻게 다를까? 여러 고민이 떠올랐다. '여성 기업가 정신'이라는 거창한 키워드를 두고, 고민 끝에 잡은 주제는 "미래는 여성성이다(The future is feminine)"였다.

'왜 우리는 여자들을 데리고 자연으로 나갔을까?'라는 부제로 시작해서, 다정함 덕분에 우리는 모험을 떠날 수 있고 연결되고 연대하고 함께 더 단단해진다는 이야기를 나눴다. 나는 다정한 것만이 오래도록 강하다고, 연결될 수 있기에 더욱 강하다고 믿는다. 오래 마음에 품고 있던 그 믿음을, 무언가를 시작하는 사람들 특유의 뜨거운 에너지를 품고 있는 이들 앞에서 조금은 뜨거워진 마음으로 또박또박 전할 수 있어서 기뻤다. 괴테의 『파우스트』는 이렇게 끝난다.

> 영원히 여성적인 것이
> 우리를 이끌어 올린다.
> ― 요한 볼프강 폰 괴테, 『파우스트』 웅진씽크빅, 2012, 391쪽

약해서 아름다운 것들, 그 아름다움을 들여다볼 수 있는 섬세하고 다정한 눈과 마음을 앞으로도 지켜내고 싶다. 그 시선이야말로 우리를 더 먼 곳, 더 높은 미래로 이끌 것이다.

"여성의 야성이란 무엇일까?"

길을 걷는 동안은 필연적으로 스스로에게 삶의 의미를 되물을 수밖에 없다. 삶의 의미를 말하는 인문학을 계속 다시 찾는 이유다. 모험하는 여성의 삶을 나누는 '모험나누장' 시리즈에 이어 '모험인문학' 시리즈를 론칭했다. 첫 번째로 이야기를 나눠준 사람은 여성해방신학자이자 환경평화운동가이며 스스로를 살림이스트로 칭하는 '타라(현경)'였다.

우리의 핵심 가치는 모험, 야성, 연대다. 우리는 그중에서도 야성을 이렇게 정의한다. 본 모습 그대로의, 날것의 특성. 그렇다면 여성해방신학자는 여성의 야성을 어떻게 정의할까?

'진짜 야성은 무엇일까?'라는 제목으로 진행된 온라인 강의 세션은 진행되는 내내 은은한 미소와 큰 웃음이 함께했다. 눈을 초롱초롱 밝히고 있는 여자들에게 현경은 생명력을 가득 품은 여신의 목소리로 말했다. 진정으로 사람과 세상을 바꾸는 힘은 지배의 힘이 아니라 아름다움의 힘, 연약함의 힘이라고.

"야성의 내가 원하는 대로 살아도 죽지 않아요. 모험해도 괜찮아요."

우리가 매일 하던 말을 타인에게 듣는 순간, 찌르르 마음이 울렸다. 그 말을 나는 스스로에게도 들려주고 싶어서 그렇게도 모험하자고 외치고, 동료들을 찾았나 보다.

꼭 무거운 배낭을 메고 낯선 땅을 하염없이 걷는 것이 아니라도 인생에서 모험은 계속된다. 언젠가 내 마음 안의 모험의 불씨도 꺼질지 모른다. 입김 한 번에도 꺼질 만큼 불씨 하나는 약하다. 하지만 불씨는 나눈다고 줄어들지 않는다. 오히려 나눌수록 더 큰 불이 되어 꺼지지 않고 활활 타오른다. 그래서 더 많은 여성들을 이 모험의 세계로 초대하고 싶다. 우리 안의 야성에 불씨를 함께 일으켜줄, 기어이 꺼지지 않게 지켜갈 모험의 동료들을.

"우리는 모든 여성들에게 야성이 있다고 믿습니다. 모험의 경험이 조금 필요할 뿐이죠."

들판에 텐트 치는 여자들

초판 1쇄 2025년 7월 21일

지은이 | 김하늬, 김지영, 윤명해
펴낸이 | 송영석

주간 | 이혜진
편집장 | 박신애 **기획편집** | 최예은 · 이나연 · 조아혜
디자인 | 박윤정 · 유보람
마케팅 | 김유종 · 한승민
관리 | 송우석 · 전지연 · 채경민

펴낸곳 | (株)해냄출판사
등록번호 | 제10-229호
등록일자 | 1988년 5월 11일(설립일자 | 1983년 6월 24일)

04042 서울시 마포구 잔다리로 30 해냄빌딩 5 · 6층
대표전화 | 326-1600 **팩스** | 326-1624
홈페이지 | www.hainaim.com

ISBN 979-11-6714-121-7

파본은 본사나 구입하신 서점에서 교환하여 드립니다.